Verständliche Wissenschaft Band 50

W0228694

Thr. Georgiades

Musik und Sprache

Das Werden der abendländischen Musik dargestellt an der Vertonung der Messe

Unveränderter Nachdruck der zweiten Auflage

Mit zahlreichen Notenbeispielen

Springer-Verlag

Berlin · Heidelberg · New York 1984

Professor Dr. Thr. Georgiades,
Universität München

Herausgeber Prof. Dr. Karl v. Frisch, München

ISBN 3-540-06534-2 2. Auflage Springer-Verlag Berlin · Heidelberg · New York
ISBN 0-387-06534-2 2nd Edition Springer-Verlag New York · Heidelberg · Berlin

Umschlagentwurf: W. Eisenschink, Heidelberg

Satz, Druck und Bindearbeiten: Konrad Triltsch, Graphischer Betrieb, 8700 Würzburg
2149/3130-5432

ΤΟΙΣ ΓΟΝΕΥΣΙ

DEN ELTERN

Vorwort

Eine an der Universität Heidelberg im Sommersemester 1952 über die Vertonung der Messe gehaltene Vorlesung, sowie eine Vortragsreihe im Süddeutschen Rundfunk (Januar bis März 1953) über dasselbe Thema liegen dem Buch zugrunde. Der in diesem Ursprung begründete, auf die mündliche Mitteilung gestimmte Ton wurde beibehalten.

Schon in jener Vorlesung war meine Absicht nicht, die musikalische Gattung 'Messe' für sich historisch darzustellen, sondern die europäische Musik als Ganzes von einer bestimmten Seite her zu beleuchten. Aus diesem Grund habe ich in das Buch auch einiges aus meiner Vorlesung über das Werden der abendländischen Musik (Wintersemester 1948/49) einbezogen.

So ist das kleine Werk weder als spekulative Abhandlung über das Thema Musik und Sprache, noch als Geschichte der Messenvertonung, noch als Darstellung jeder einzelnen Phase der europäischen Musik, etwa als kurzgefaßtes Lehrbuch der Musikgeschichte, gedacht. Wer mit dem Stoff gar nicht vertraut ist, sollte daher eine der vielen kleinen Musikgeschichten als Hilfe benützen. Unerläßlich ist es aber, daß sich der Leser stets die Musik zu vergegenwärtigen sucht. Dazu können die wenigen Notenbeispiele nur eine Anregung bieten. Von Kapitel 10, also von Bach an fehlen sie fast gänzlich, da die zitierten Werke leicht zugänglich sind.

Für die Hilfe, die mir Fräulein cand. phil. Irmgard Herrmann von der Herstellung des Manuskripts bis zum Abschluß des Drukkes geleistet hat, möchte ich ihr herzlich danken.

Heidelberg, 28. März 1954   *Thrasybulos G. Georgiades*

Die 2. Auflage ist unverändert. Die wenigen neu aufgenommenen Titel sind am Erscheinungsjahr (nach 1954) erkennbar.

München, 14. September 1973   *Thr. G.*

Inhalt

1. Einleitung

Dieses Buch wendet sich an diejenigen, die sich durch Musik angesprochen fühlen, an Freunde der Musik: an Liebhaber, aber auch an Kenner. Es sucht auf gewisse Züge des geistigen Bereichs, den wir als Musik ansprechen, aufmerksam zu machen.

Geht man von der Erfahrung aus und fragt sich, was wir heute unter Musik verstehen, so findet man, daß wir ihr anders begegnen als unsere Vorfahren. Denn noch bis vor kurzer Zeit, bis zu der Zeit Beethovens oder Schuberts, galt als Musik im allgemeinen Bewußtsein so gut wie ausschließlich die jeweils zeitgenössische und jüngstvergangene. Seitdem ist es aber anders geworden; nach den Wiener Klassikern hat sich die Situation ruckartig geändert. Mendelssohn, Schumann und Brahms, Berlioz, Liszt und Wagner, später Richard Strauß, sie alle verkörperten im Bewußtsein ihrer Zeitgenossen nicht mehr die Musik schlechthin. Sie selbst widmeten sich auch der Interpretation der Musik der Vergangenheit. Von jetzt ab betrachtete und vermittelte man die älteren Werke als ebenso gültige, gegenwärtige Musik wie die neu entstehenden. So war schon die Musikpflege des späteren 19. Jahrhunderts stark durch die Vergangenheit mitbestimmt. Im Verlauf des 20. Jahrhunderts änderte sich abermals die Situation zugunsten der älteren Musik. Und dies nicht nur im Konzertsaal: Erscheinungen wie die Jugendbewegung, die Volksliedpflege, die Hausmusikpflege haben dazu verholfen. Auch die musikhistorische Forschung hat das ihrige beigetragen. So ist im Verlauf der letzten 125 Jahre eine grundlegende Wandlung im musikalischen Bewußtsein vor sich gegangen, es hat eine Umwälzung des Begriffs Musik stattgefunden. Für den Musiker und Musikfreund von heute, ja selbst für den Komponisten bildet das zeitgenössische Schaffen nur einen geringen Teil dessen, was man als aktuelle Musik bezeichnen könnte. Denn heute erheben die Werke der Vergangenheit Anspruch auf Erklingen; sie stehen als wirkende Macht da. Dieser Drang, die Musik der Vergangenheit in das Bewußtsein von heute einzubeziehen, ist so mächtig geworden, daß nicht mehr die Rede sein kann von einem eklektizistischen Verhältnis zu gewissen vergangenen Zeiten oder von einem willkürlichen Herausholen bestimmter großer Komponisten und berühmter Werke oder von einer bloßen Sehnsucht nach dem Vergangenen. Man will mehr; man hat das Bedürfnis, die Musik in ihrer Totalität als Einheit zu begreifen — die gesamte Musik, die in uns lebt, die in uns zu leben berechtigt ist. Das ist aber *unsere* Musik, die unserer eigenen Vergangenheit und Gegenwart. Man will sich nicht mehr nur mit den zufälligen, schon zugänglichen Ausschnitten bescheiden. Man möchte alle Glieder ohne Lücke wiederherstellen und diese Reihe als Werden und Wechseln begreifen. Man möchte in dieser Totalität, in dieser genetisch zu verstehenden Einheit, den Inbegriff der Musik erblicken. Für den Menschen von früher war Musik etwas in gewissem Sinn zufällig Bestimmtes: das, was in seiner eigenen Gegenwart entstand. Der Begriff von Musik war statisch, er enthielt in sich nicht die Dimension des Werdens, der Zeit. Es ist verständlich, daß, wer über das Musikalische nachdenken wollte, zwar von dem zufällig gegebenen Ausschnitt ausging, bald aber davon und somit von jeder historischen Gegebenheit abstrahierte, um möglichst auf dem Weg der reinen Spekulation, als Philosoph, das musikalisch Wesentliche aufzusuchen.

Wie anders wird das musikalische Bewußtsein heute bestimmt! Indem die Musik als eine genetische Reihe, als ein Ganzes verstanden wird, gewinnt sie die Dimension der Zeit. Von diesem nunmehr notwendigen Faktor kann man nicht mehr absehen. Verbindliches über Musik läßt sich von jetzt ab nur aussagen, indem man den eigentümlichen Beziehungen zwischen Bleibendem und Wechselndem nachgeht. Man entdeckt bald, daß Wesen und Werden inniger miteinander verquickt sind, als man in früheren, naiveren und, wenn man so will, begnadeteren Zeiten ahnte; daß sie unlösbar miteinander verbunden sind. Man entdeckt, daß in dem Wesentlichen viel mehr Historisches steckt als früher vermutet, daß Musik geradezu nur als Werden darstellbar ist.

Man kann aber das Werden der abendländischen Musik von verschiedenen Seiten her betrachten. Zwei einander entgegengesetzte Gesichtspunkte lassen die Musik a) als isoliertes, autonom-ästhetisches Phänomen, als tönende Gestalt, b) als etwas im allgemeinen

Geistig-Menschlichen Verwurzeltes erscheinen. Die erste Betrachtungsweise läßt sich durchführen, wenn man die Aufmerksamkeit auf die Struktur des musikalischen Satzes richtet. Zu der zweiten bietet uns das Verfolgen des Zusammenhangs zwischen Musik und Sprache den besten Zugang. Beides wollen wir hier tun: Wir wollen das Werden der abendländischen Musik als das Problem der stetigen Auseinandersetzung der Musik mit der Sprache darstellen. Wir werden aber Musik stets als einen autonomen Sinnträger betrachten und daher auch das Werden des musikalischen Satzes verfolgen.

Sprache ist der Kunst, so der Dichtung oder auch der Musik, in einem bestimmten Sinn übergeordnet: Durch den Bedeutungszusammenhang weist sie über den Bereich des Ästhetisch-Autonomen ausdrücklich hinaus. Sie weist aber auch auf das Wort als Bleibendes, als unwandelbaren Sinn ausdrücklich hin. Sie stellt daher die Verbindung zum Bleibenden her, woran das Wechselnde gemessen werden kann. Die Heranziehung der Sprache ist eine Gewähr dafür, daß man, indem man das Wechseln ins Auge faßt, den Sinn für die Einheit nicht verliert.

Suchen wir aber von hier aus den Zugang zur abendländischen Musik, so liegt nichts näher, als dies an Hand der Messe zu tun. An sie knüpft eine bis heute ununterbrochene Reihe von Vertonungen an, die demselben Text dienen. Wir stoßen aber nicht nur auf den Zusammenhang mit der Sprache im engeren Sinn. Wir werden genötigt, die Musik im allgemein Historisch-Geistig-Menschlichen verwurzelt zu sehen. Wir berühren die Frage nach dem Verhältnis von Idee und Musik, von Geschehen und Musik. Denn die Sprache der Messe ist Trägerin einer Idee, eines Geschehens. Bei dieser Fragestellung ist unser Ziel nicht so sehr die Musik als Selbstzweck, sondern die Sprache, die Idee, das Geschehen als Erklingendes. Erst wenn wir diese Umkehrung der Betrachtungsweise vollziehen, wenn wir uns die Unterordnung der Musik unter das allgemein Geistige kraß vergegenwärtigen, ihr aber gleichzeitig die Autonomie des musikalischen Satzes, das Eigenständige des musikalischen Sinnträgers gegenüberstellen, können wir die Spannweite zwischen diesen zwei Eckpfeilern der musikalischen Wirklichkeit ermessen; erst dies versetzt uns in die Lage, das Phänomen der Musik als Werden der abendländischen Musik möglichst umfassend zu begreifen.

2. Altertum und vorkarolingische Zeit

Wenn man die geschichtliche Musik als Einheit verstehen will, sollte man das Altertum einbegreifen. Hier will ich jedoch nur das berühren, was nötig ist, um auf das die Antike und das Abendland Verbindende und Trennende hinzuweisen.

Für die Griechen existierte die Musik vor allem im Vers. Der griechische Vers war eine sprachliche und gleichzeitig eine musikalische Wirklichkeit. Das Verbindende zwischen Sprache und Musik, ihr Gemeinsames, war der Rhythmus. Ein abendländischer, z. B. ein deutscher Vers, kann zwar von der Sprache her eine für die Musik verbindliche Ordnung in der Aufeinanderfolge der Betonungen festlegen:

Das Wandern ist des Müllers Lust.

Er vermag aber nicht, von sich aus den musikalischen Rhythmus restlos zu bestimmen. Denn der abendländische Vers ist kein musikalisches, sondern ein sprachliches Gebilde. Daher läßt er sich auf verschiedene Weise vertonen:

z. B. ²/₄

Das Wandern ist des Müllers Lust

oder ³/₄

oder ²/₄

oder ²/₄

Der altgriechische Vers verhielt sich anders. Der musikalische Rhythmus war hier in der Sprache selbst enthalten. Die musikalisch-rhythmische Struktur wurde schon durch die Sprache restlos festgelegt. Es blieb kein Raum für eine eigene musikalisch-rhythmische Vertonung; es konnte nichts hinzugefügt oder abgeändert werden.

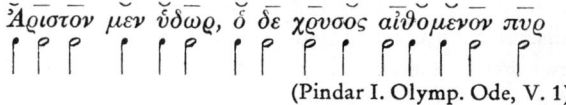

Ἄριστον μὲν ὕδωρ, ὁ δὲ χρυσὸς αἰθόμενον πυρ

(Pindar I. Olymp. Ode, V. 1)

Das griechische Wort hatte einen festen Klangleib; es hatte einen musikalischen Eigenwillen. Die einzelnen Silben waren weder dehn-

4

bar noch verkürzbar. Sie waren von Hause aus lang oder kurz. Der Sprechende mußte sie wie feste, unschmiegsame Körper empfinden. Dieses Körperhafte, Gegenständliche im Altgriechischen war sein musikalisch beschaffener Rhythmus, der den abendländischen Sprachen fehlt.

Das wesentliche Merkmal dieser sogenannten *Quantitäts*rhythmik ist, daß die Zeitgliederung nicht durch den Takt, sondern durch Verwendung von Längen und Kürzen (wie sie in der griechischen Sprache vorgebildet waren) stattfindet (vgl. das angeführte Beispiel). Die Zeit wird primär durch die gleichsam körperhafte Ausdehnung dieser Elemente erfüllt. Die Abgrenzung, somit die Absteckung der Zeit ist hier eine bloße Folge der Quantität, der Dauer. Die einzelnen Elemente fügen sich nicht einer vorhergegebenen Gliederungsordnung, einer schon gegliederten Zeit ein, sondern durch ihr freies Auftreten erfüllen sie und dadurch gliedern sie gleichzeitig die bis dahin völlig ungestaltete Zeit. Das rhythmische Prinzip der Antike beruht nicht auf einer Trennung zwischen Zeitgliederung (Takt, Betonungssystem) und Ausfüllung (durch verschiedene Notenwerte), sondern auf der von Hause aus *erfüllten* Zeit. Diese Quantitätsrhythmik war nun sprachlich bedingt, war eine Eigenschaft der griechischen Sprache.

So verhielt sich aber das Griechische nur in der älteren Zeit. Schon etwa mit dem 4. vorchristlichen Jahrhundert begann ein eigentümlicher Prozeß, den man als Schrumpfen des Klangleibs bezeichnen kann. Er stand in Wechselwirkung mit dem Wandel der geistigen Haltung der Antike. Die Sprache wurde in der Handhabung der musikalisch-rhythmischen Komponente stets unsicherer, der musikalische Klangleib stets schattenhafter, bis er ganz verschwand. Dieser Prozeß war in den ersten christlichen Jahrhunderten schon abgeschlossen. Was aber war aus dem altgriechischen, festgefügten Vers geworden? Hatte er sich etwa nach dem Verlust der musikalisch-rhythmischen Komponente in einen Vers, wie wir ihn heute verstehen, verwandelt? Keineswegs. Denn der altgriechische Vers enthielt keinerlei Ansätze zu einer Ordnung der Betonungen; er bot keine Möglichkeit zur Entstehung des abendländischen Verses. Als das verloren ging, was ihn zum Vers machte, nämlich die feste rhythmisch-musikalische Gestalt, blieb eine in rhythmischer Hinsicht amorphe Masse übrig. Es entstand das, was wir Prosa nennen. Der oben zitierte Vers, ohne die ihm früher innewohnende musikalische Rhythmik vorgetragen, ergibt keinen abendländischen Vers, sondern reine Prosa mit zufällig verteilten betonten und unbetonten Silben:

$$\text{Ἄριστον μὲν ὕδωρ, ὁ δὲ χρυσὸς αἰθόμενον πῦρ.}$$

Solange das antike musikalisch-rhythmische Prinzip herrschte, wurden nämlich die Akzente nicht dynamisch, sondern melodisch ausgeführt. Erst jetzt, nachdem der musikalische Klangleib wegfiel, treten sie in den Vordergrund, und zwar verwandelt in dynamische Akzente. Die dadurch auftauchende Betonungsfolge deckt sich aber auf keine Weise mit dem antiken rhythmisch-musikalischen Schema: sie ist zufällig. Abendländische Verse sind erst auf diesem Grunde der neuen Prosa möglich geworden: durch Einführung einer Betonungsordnung in dieses rhythmische — sagen wir — Chaos. Dieser Werdegang ist auch historisch belegbar: Während wir zu Beginn der griechischen Sprachüberlieferung den Vers, den homerischen Hexameter, antreffen, finden wir am Anfang der christlich-abendländischen Geschichte die neue Prosa. In Prosa wird das Christentum, zuerst griechisch, dann auch lateinisch, verkündet, und Prosa bildet den ältesten Bestandteil und den Grundstock der christlichen Liturgie. Verse entstehen auf diesem Grund erst sekundär und später. Diese Verse enthalten aber nicht mehr jene rhythmisch-musikalische Komponente, die den altgriechischen Vers kennzeichnete.

Der altgriechische Vers war ein eigenartiges Gebilde, wofür kein abendländisches Analogon existierte. Er war, wenn man so will, Musik und Dichtung in einem, und gerade deswegen nicht in Musik und Dichtung, in zwei getrennt greifbare Komponenten, zerlegbar. Für diesen eigentümlichen Sinnträger aber hatten die Griechen einen eigenen Terminus: μουσική (musiké). So ergibt sich das Schema:

μουσική ————————→ Prosa ————————→ Dichtung
(musikalisch bedingter Vers)   (sprachlich bedingter Vers)

Was ist aber mit der rein musikalischen Komponente der musiké, des griechischen Verses, geworden? Es scheint, daß bei dem Prozeß der Schrumpfung des Sprach-Klangleibs gleichsam eine musikalische

Hülle für sich übrig geblieben ist, die sich verselbständigt hat, die das geworden ist, was wir Musik nennen. So dürfen wir das angegebene Schema ergänzen:

$$\mu o \upsilon \sigma \iota \varkappa \acute{\eta} \begin{array}{l} \longrightarrow \text{Prosa} \longrightarrow \text{Dichtung} \\ \longrightarrow \text{Musik} \end{array}$$

Es ist nicht richtig, wenn man musiké mit Musik übersetzt, denn diese zwei Termini bezeichnen verschiedene Sachen. 'Musiké' ist unübersetzbar; und doch lebt das Wort in seiner abendländischen Abwandlung, als 'Musik', bis heute, es ist in aller Munde: So weist die etymologische Identität auf die Herkunft unserer Musik, auf die Einheit Antike-Abendland, auf die geistige Kontinuität von Homer bis heute, der Bedeutungswandel aber auf das mächtig Trennende hin.[1]

Aus der ursprünglichen Einheit ist eine Zweiheit geworden; aus der $\mu o \upsilon \sigma \iota \varkappa \acute{\eta}$ sind Dichtung und Musik entstanden. Erst jetzt, erst innerhalb der abendländischen Geschichte ist es möglich geworden, Musik und Sprache streng voneinander zu trennen. Von jetzt ab besteht aber auch, gleichsam als Erinnerung an den gemeinsamen historischen Ursprung, die Sehnsucht der einen nach der anderen, die Neigung, sich gegenseitig zu ergänzen. Was aber aus dieser Verbindung jeweils hervorgeht, hat mit der antiken musiké nichts gemein. Denn hier liegt nicht ein Gebilde vor, das von Hause aus Musik und Sprache in sich enthält, sondern eine abendländische Sprache, die eigens mit Musik versehen wird.

Die Tendenz der Vereinigung von Sprache und Musik ist schon in der frühchristlichen Liturgie vorhanden: Die sprachliche Gestalt ist Prosa; es besteht aber die Notwendigkeit zu kultischem Sprechen, zu christlich-sakraler Gemeinschaftssprache. Das Wort muß erklingen. Denn für eine Gemeinschaft existiert das Wort nur als Erklingendes, nicht als Schrift. Als sakrales Wort kann es aber nicht auf natürliche Weise, als subjektiv gefärbtes Sprechen erklingen. Es verlangt einen musikalisch festgelegten Vortrag. Das

---

[1] Über den oben nur angedeuteten Fragenkomplex s. Thr. Georgiades, Musik und Rhythmus bei den Griechen; Zum Ursprung der abendländischen Musik. Hamburg 1958 (Rowohlts deutsche Enzyklopädie 61). Über den deutschen Vers im Gegensatz zum griechischen s. ders., Der griechische Rhythmus; Musik, Reigen, Vers und Sprache, Hamburg 1949, 2. Aufl. Tutzing 1977. S. 64 ff.

ist die Geburtsstunde der abendländischen Musik: Der liturgische Text bildet das Einfallstor der Musik in die christlich-abendländische Geistesgeschichte.

Es beginnt eine stetige Auseinandersetzung der Musik mit dem Wort als dem Urphänomen des Geistigen. Sie bildet das Rückgrat der Geschichte der abendländischen Musik, sie berührt ihre Lebensmitte.

Was für eine Bewegung hebt damit an! Die Beharrlichkeit dieser Auseinandersetzung gehört zu den eindrucksvollsten Erscheinungen der abendländischen Geistesgeschichte. Jahrhundert um Jahrhundert arbeitet daran, ohne daß die Kraft je nachläßt, ohne daß die Tradition je abbricht. Das Überlieferte wird umgewandelt, neu gedeutet, und so entsteht Neues. An dieser Auseinandersetzung ist die abendländische Musik groß geworden. Bis in das 17. Jahrhundert hinein, bis zu Heinrich Schütz, bildet die Sprachvertonung das Hauptanliegen der großen historischen Musik. Erst mit Bach, in der 1. Hälfte des 18. Jahrhunderts, ist es anders geworden. Nicht, daß die sprachgebundene Musik von jetzt ab an Bedeutung verlöre. Aber die reine Instrumentalmusik erschloß mit Bach, in einem kaum faßbaren Aufstieg und nach einer Vorbereitung von etwa 100 Jahren, neue Bereiche des Geistigen. Von da an ist es notwendig, sich eigens mit ihr zu befassen, nicht allein um ihrer selbst willen, sondern auch um die allgemein neue musikalische Situation und besonders das neue Verhältnis zur Sprache zu verstehen.

Es hilft uns, wenn wir vier Epochen auseinander halten: Die älteste Epoche dauert bis zur karolingischen Zeit. Die zweite beginnt mit dem entscheidenden Eingreifen der germanischen Völker in die christlich-abendländische Geistesgeschichte und endet mit dem 16. Jahrhundert, der Zeit der Reformation und der Gegenreformation, des Tridentinischen Konzils und der Musik Palestrinas. Die dritte beginnt mit Palestrina und endet mit den Wiener Klassikern, mit Beethovens Tod (1827). Die vierte reicht bis in die Gegenwart.

Die Geschichte der abendländischen Musik bildet eine Einheit. Doch der Anteil der Völker wechselt oft. Es ist daher notwendig, Europa als Ganzes anzusehen und im Verlauf der Darstellung den Blick jeweils auf jene Gegend zu heften, die die Aufmerksamkeit auf sich lenkt.

In der vorkarolingischen Zeit beschäftigt uns das Europa südlich der Alpen. Das Griechische war die liturgische Sprache bis ins 3. Jahrhundert, selbst in Rom, und erst dann wurde es durch das Lateinische abgelöst. Diese beiden Sprachen bildeten die Gegebenheit für den musikalischen Vortrag, und zwar als Prosa, einerlei, ob die Texte als Übersetzungen (z. T. vielleicht von Versen) oder neu entstanden waren. Die Feststellung, daß in der Liturgie grundsätzlich Prosa vorliegt, ist aber, wie wir schon sahen, von hervorragender Bedeutung. Sie weist auf eine von Grund auf veränderte geistige Haltung hin. Erst in dieser neuen Prosa wurde es innerhalb der europäischen Geschichte möglich, daß dichterisch-anschauliche Kunstwirklichkeit und religiöser Wahrheitsgehalt unterschieden werden, daß auf Wahrheiten hingewiesen wird, die außerhalb des Anschaulichen liegen.

Prosa umhüllt das Geheimnis des Abendmahlsgeschehens, den Kern der Messe. Schon die Einsetzungsworte sind schlichte Prosa. Und Prosa sind auch die weiteren Texte, die zur Meßliturgie zusammengewachsen sind: Stellen aus dem Neuen Testament, aus dem Alten Testament, z. B. Psalmen (als Prosa übersetzt), neuentstandene Gebete und andere Texte. Selbst die nicht aus der Heiligen Schrift entnommenen Gesänge, die neu hinzukamen, sind Prosa, so die ältesten Hymnen wie z. B. der Meßgesang 'Gloria in excelsis Deo'. Indem nun diese Prosa erklang, entstand gottesdienstliches Geschehen.

Da die griechische liturgische Musik als byzantinische Kirchenmusik eine eigene Geschichte aufweist und nicht unmittelbar auf das Werden der abendländischen Musik gewirkt hat, wollen wir sie hier außer acht lassen. In der Überlieferung der lateinischen liturgischen Gesänge gewinnen wir einigermaßen festen Boden erst mit der Wirksamkeit des Papstes Gregor des Großen um 600, dessen Name auch in der Bezeichnung 'gregorianischer Gesang' weiterlebt. Doch es gibt Anhaltspunkte, die gewisse Rückschlüsse auf die Gestalt der Gesänge in noch früherer Zeit ermöglichen.

Unseren Beobachtungen wollen wir den Messetext zugrundelegen. Wenn man in der Musik von 'Messe' spricht, versteht man darunter die fünf Gesänge: Kyrie — Gloria — Credo — Sanctus — Agnus, deren Texte unverändert in jeder Messe wiederkehren (sie gehören dem 'Ordinarium Missae' an). Die Entstehung der

Texte geht auf die ersten nachchristlichen Jahrhunderte zurück. Aber erst in der daran anknüpfenden Zeit wurden allmählich alle diese Gesänge zu notwendigen Bestandteilen der Messe. Die Geschichte ihrer Vertonung beginnt freilich schon mit der Entstehung der Texte. Die Überlieferung von Melodien setzt aber erst mit späterer Zeit, etwa mit dem 10. Jahrhundert ein. Als Grund dafür mag die Tatsache gelten, daß die Gesänge der Messe von Hause aus dem Volksgesang angehörten und deswegen anfangs nicht schriftlich fixiert wurden. Denn ursprünglich wurden sie von der Gemeinde getragen, an deren Stelle erst allmählich, etwa gegen Ende des ersten Jahrtausends, der Chor der Geistlichen und der Sängerchor traten.

Es mag anregend sein, sich den Bedeutungswandel zu vergegenwärtigen, den die Bezeichnung *Chor* im Verlauf der Jahrtausende durchgemacht hat. In der Antike, etwa bei Homer oder in der griechischen Tragödie, bedeutete *Chor* Reigentanz mit Gesang. Im frühen Christentum wurde er auf die Sphäre des Himmlischen übertragen: Man sprach jetzt vom 'Engelchor'. Ein Abbild desselben war dann der Priesterchor. Der dem Klerikerchor entsprechende Raum der Kirche wird heute noch als 'Chor' bezeichnet. — Wichtig ist dabei, daß bei allen diesen Bezeichnungen Gesangs- und Bewegungsvorstellungen in gleichem Maß bestimmend sind. Man hatte die Vorstellung eines Geschehens im Raum. — Der Sängerchor löst sich nun vom Klerikerchor ab. Damit wird eine Einengung der Bedeutung verbunden, insofern als die Bewegungsvorstellung im Raum wegfällt. Der Sängerchor verläßt sogar in späterer Zeit den Chor und begibt sich auf die entgegengesetzte Seite, auf die Empore, was seinen Laiencharakter verstärkt. — Endlich sei noch der heute übliche Gebrauch des Wortes *Chor* in Bezeichnungen wie 'Opernchor' und 'Kirchenchor' erwähnt.

Den liturgischen Gesang der vorkarolingischen Zeit kennzeichnet die einstimmige Vertonung. Obwohl unsere Hauptaufgabe in dem Verfolgen des Werdens der Mehrstimmigkeit liegt, ist es notwendig, über das Verhältnis von Musik und lateinischer Sprache auch in der Einstimmigkeit Klarheit zu gewinnen. Wir verwenden dabei Beispiele aus Gesängen der Messe, obwohl sie erst aus nachkarolingischer Zeit überliefert sind, um schon jetzt den Text zugrundezulegen, von dem wir auch später ausgehen werden.

Ältere Gattungen des liturgischen Gesangs, wie Psalmodie oder der sie umrahmende Antiphonengesang, weisen dieselbe Grundhaltung im Erklingen der Sprache auf.

Betrachten wir ein 'Agnus Dei' (es ist das Agnus der XVIII. Messe in der Editio Vaticana):

In der Übersetzung: 'Lamm Gottes, das du hinweg nimmst die Sünden der Welt, erbarme Dich unser', dreimal, beim dritten Mal aber mit dem Schluß *dona nobis pacem* — 'gib uns den Frieden' — an Stelle von 'erbarme Dich unser'. Dieser Text wird nicht im natürlichen Sprechton vorgetragen. Denn man verwendet musikalische Tonhöhen. Vom Standpunkt des alltäglichen Sprechens aus beurteilt, hat dieser Tonfall etwas Unwirkliches. Das alltägliche Sprechen wäre auch nicht am Platz; denn die Handlung ist ja keine Handlung des Alltags, die Nützlichkeitszwecken dient. So ist auch das Wort hier kein bloßes Verständigungsmittel. Durch das musikalische Erklingen kommt aber eine andere Seite, eben die sakrale Seite, zur Geltung.

Und doch bleibt bei dieser Art des Vortrags der Charakter des Gesprochenen gewahrt: Die Einheit des Satzes, seine sinnvolle Zusammensetzung aus Satzgliedern, kommt zur Geltung. Wir hören die Anrufung *Agnus Dei* und ihre Ergänzung *qui tollis peccata mundi*, gleichsam eine eröffnende, sich zweimal wiederholende Gebetsgebärde, — und darauf die Satzaussage, nämlich die Bitte *miserere nobis*, gleichsam eine abschließende Geste:

Agnus Dei — qui tollis peccata mundi — — miserere nobis

So endet auch die Melodie beim *Agnus Dei* und *qui tollis* beide Male auf *a*, und erst mit der Bitte *miserere nobis* schließt sie, indem sie auf *g* fällt. Durch das musikalische Erklingen, das vom

Standpunkt des natürlichen Sprechens aus etwas Unnatürliches hat, wird also die Sprache nicht unverständlich gemacht, vielmehr kommt ihr liturgischer Sinn noch eindringlicher, noch plastischer zur Geltung.

Es ist wichtig, sich zu vergegenwärtigen, daß hier nicht der *Bedeutungs*gehalt der Sprache musikalisch erfaßt wird, sondern daß die Sprache lediglich als Satzablauf zur Geltung kommt. So haben wir zu verstehen, daß das *dona nobis pacem* dieselbe melodische Wendung wie das *miserere nobis* aufweist: Das Gemeinsame ist die Sprachgeste, der Rhythmus, nicht aber der Inhalt.

Vergegenwärtigen wir uns noch die Anfangssätze aus dem Credo (1. Credo in der Editio Vaticana), dem Glaubensbekenntnis: Auch hier werden die einzelnen Satzglieder als Sinneinheiten verwirklicht.

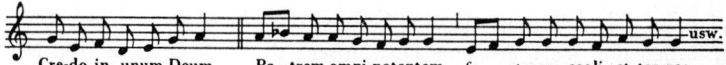

Cre-do in unum Deum, Pa - trem omni-potentem, fa - ctorem coeli et ter-rae,

In der Übersetzung: 'Ich glaube an den einen Gott, den allmächtigen Vater, Schöpfer des Himmels und der Erde ...'. Das Wort bleibt auch in dieser Vertonung etwas unmittelbar Lebendiges, es ist mit liturgischem Geschehen identisch. So formuliert scheint dies etwas Selbstverständliches zu sein. Wir werden aber sehen, daß spätere Epochen sich dem liturgischen Geschehen gegenüber völlig anders verhalten.

Beim Agnus Dei stellten wir fest, wie der musikalische Vortrag von der Gebetsgebärde getragen wird. Das Gemeinschaftsgeschehen spürt man auch in anderen Gesängen, etwa beim Litaneibeten in Prozessionen. Die griechische Anrufung *Kyrie eleison* ('Herr erbarme Dich unser') war ursprünglich ein solcher Litaneiruf — der übrigens aus dem heidnischen Sonnenkult übernommen wurde. Ein Bericht aus dem 6. Jahrhundert schildert uns, wie die Scharen aus sieben römischen Basiliken betend durch die Stadt zogen, 'clamantes per plateas urbis Kyrie eleison' (rufend durch die Straßen 'Kyrie eleison'), bis sie sich vor der Hauptkirche Santa Maria Maggiore in einem einzigen Litaneibeten vereinigten.[1]

[1] J. A. Jungmann, Missarum Sollemnia; eine genetische Erklärung der römischen Messe, 2. Aufl., Wien 1949, Bd. I, S. 418. Diesem hervorragenden liturgiegeschichtlichen Werk verdanke ich reiche Belehrung. (Darauf wird weiterhin im einzelnen nicht verwiesen.)

Den Litaneicharakter finden wir im Kyrie der Totenmesse, das, obwohl es einer späteren Zeit entstammt, noch die alte Haltung aufweist. Beim neunmaligen Anruf (dreimal *Kyrie eleison*, dreimal *Christe eleison* und wieder dreimal *Kyrie eleison*) erklingt achtmal dieselbe Melodie im Sinn des Litaneigesangs:

Ky - - ri - e _____   e - - - - le - i - son

und nur beim letzten Mal wird sie abgeändert.

Die Bewegungsvorstellung der ruhig dahinwandelnden Prozession ist eingefangen.

Die gregorianischen Melodien verwenden die diatonische Leiter: die Reihe der sieben weißen Tasten, aber auch das *b*. Merkmale der einzelnen Melodie sind ihr Umfang und gewisse Haupttöne, um die sich die übrigen gruppieren. Auch die vorkommenden Wendungen und die Art, wie die Haupttöne erreicht werden, sind für die verschiedenen Melodie-Typen bezeichnend. Schon aus den wenigen angeführten Beispielen entnimmt man, daß die Haupttöne, so die Schlußtöne, Zieltöne, in den verschiedenen Stücken verschieden sein können. *c* und *a*, die der Tonika der Dur- und Mollskala auf den weißen Tasten entsprechen würden, sind für die gregorianischen Gesänge nicht typisch. Die gregorianischen Melodien sind nicht nach dem neueren Dur oder Moll gebaut, die zwingend auf eine Tonika hinzielen. Sie stellen eine bloß lockere, gleichsam zufällige Ordnung der Töne her, die eigentlich nur jeweils für die betreffende Melodiegattung, für die bestimmte Ton-Konstellation Gültigkeit hat. Im Mittelalter hat man die Melodien nach den acht sog. Kirchentonarten (Modi) geordnet. Kriterien für die Zuordnung der Melodien waren besonders der Zielton (finalis), der zweite Hauptton (repercussa) und der Umfang (Ambitus).

Die Frage nach der historisch richtigen rhythmischen Wiedergabe des gregorianischen Gesangs kann nicht zuverlässig beantwortet werden. Heute ist in der kirchlichen Praxis die Auffassung der Benediktiner verbreitet, wonach alle Töne in der Regel dieselbe Dauer haben. Nach diesem Grundsatz wurde das Agnus Dei und der Anfang des Credo hier wiedergegeben. Aber es sind auch andere Möglichkeiten denkbar. So kann man dieselbe Dauer für die einzelnen *Silben,* und nicht für die einzelnen *Töne* postulieren. Der Beginn des Agnus Dei würde in diesem Fall lauten:

Ag - nus De - i

Dies würde auch mit der sprachlichen Situation zu Beginn des liturgischen Werdens gut übereinstimmen: Die zusammengeschrumpften Silben, die keine eigenständige musikalisch-rhythmische Länge aufwiesen (s. S. 5 f.), kann man als lauter Kürzen von gleich kurzer Dauer betrachten. Und es lag nah, bei einer einfachen Psalmodie alle Silben gleich kurz — sagen wir als lauter Achtel — auszuführen. Wenn kleine Verzierungen vorkamen, so bedeuteten sie eine rhythmische Unterteilung dieser kurzen Silbenwerte (wie die zwei Sechzehntel auf *De-*). In Erweiterung dieses Prinzips kann man auch bei nicht streng syllabischen, bei melismatischen Gesängen, den zeitlichen Ablauf in ein gleichmäßiges Auf und Ab gliedern, so daß bei der Einteilung der Töne verschiedene Zeitwerte entstehen. Nach diesem Prinzip wurde das Prozessions-Kyrie aus der Totenmesse rhythmisiert (S. 13).

Im 10. Jahrhundert war es üblich geworden, den Melismen eines Gesangs einen Text zu unterlegen, der als eine Art Deutung oder Paraphrasierung des originalen liturgischen Textes zu verstehen ist. Als Beispiel sei das Kyrie der IV. Messe in der Editio Vaticana angeführt, bei dem das Wort *Kyrie* durch folgenden Text ersetzt wurde:

(Kyrie   eleison)

Cunctipotens genitor Deus omnicreator eleison

('Allmächtiger Gott Vater Allerschaffer erbarme Dich unser')

Diese Zeile bildet (das *eleison* ausgenommen) einen Vers nach antikem Muster, einen daktylischen Pentameter. In solchen Fällen ergibt sich daher eine weitere Möglichkeit der Rhythmisierung gregorianischer Gesänge. Es ist denkbar, daß die Melodie etwa auf folgende Weise rhythmisch vorgetragen wurde:

Cun - cti-potens ge-ni-tor De-us o - mnicre-a - tor   e - - - - le-i-son.

Die Gepflogenheit aber, neue, sekundäre Texte auf diese Weise zu schaffen, entstammt erst der karolingischen Zeit, und zwar dem Gebiet nördlich der Alpen. Sie berührt Fragen des nächsten Kapitels.

3. Karolingische Zeit

Die soeben erwähnten neuen Nebengebilde, diese sekundär liturgischen Gesänge, die im Anschluß an einen liturgischen Hauptgesang entstanden, heißen Tropen. Es ist wahrscheinlich, daß auch Tropen entstanden, die keine liturgischen Melodien, sondern vielleicht weltliches Melodiegut übernahmen. Auf diese Weise mag das vorchristliche Musikgut der nordischen Völker Eingang in die Kirche gefunden haben. Das bedeutete eine Bereicherung der abendländischen Musik. Anfangs waren die Tropen in Prosa oder, wie im angeführten Beispiel, in Versen nach antiken Mustern verfaßt. Erst vom 11. Jahrhundert ab traten Reimverse in den Vordergrund. Einige Tropen haben sich in späterer Zeit verselbständigt und lebten als geistliche Lieder weiter. Über diesen Weg fand im Mittelalter auch die deutsche Sprache, und zwar in Versgestalt, Eingang in die Liturgie. (Die Volkssprache fand also in die Kirche Eingang a) nicht über die liturgisch primäre Schicht, sondern über diese sekundär entstandenen Texte, b) nicht als Prosa, wie die liturgisch primäre Schicht, sondern in Versgestalt. Diese beiden Feststellungen sind wichtig, um die deutsche Liturgie, mit der wir uns später befassen werden, richtig verstehen zu können.)

Tropus ist ein griechisches Wort (trópos) und bedeutet 'Weise' im Sinn von 'Art und Weise' (besonders auch auf Musik angewendet). Die Bezeichnung Tropus kann demnach im Sinne von Deutungsweise, Paraphrasierung des liturgisch primären Textes verstanden werden. In der byzantinischen Kirchenmusik erhielt das Wort in der Form *tropárion* auch die Bedeutung von Kirchenlied. Das erinnert an das deutsche Wort *Weise* = 'Melodie', 'Lied'. In einem Ausdruck wie 'Vortragsweise' kann man die Verwandtschaft der zwei Bedeutungen empfinden: Art und Weise des Vortrags, d. h. *wie* der Text erklingt. Das ist aber auch die Melodie, die 'Weise', wonach der Text gesungen wird. So würde der Terminus *Tropus*, der die neue Textgattung bezeichnet, auch die liturgische Funktion der Musik beleuchten: Musik ist kein Selbstzweck, sondern die Art und Weise, wie die heiligen Texte erklingen.

Die Texte der Tropen entstanden aus dem Bedürfnis nach Auslegung und Ergänzung des liturgischen Haupttextes. So trat an die Stelle des *Kyrie* das *Cunctipotens genitor Deus omnicreator.* Der primäre, geheiligte liturgische Text galt als unantastbar, gleich einem Dogma. So nimmt man auch an, daß der liturgisch primäre Text, hier das 'Kyrie eleison', gleichzeitig mit dem Tropus erklang, indem z. B. die eine Chorhälfte den Tropus, die andere aber den untropierten Text vortrug.

Versuchen wir, eine solche Ausführung zu rekonstruieren. In der byzantinischen Kirchenmusik der griechisch-orthodoxen Kirche ist es heute noch üblich, daß man die gegebene Melodie durch liegenbleibende Töne, durch sog. Bordunbegleitung, stützt. Man könnte sich denken, daß auch im Abendland, in der karolingischen Zeit, Ähnliches geschah. Wenden wir dies auf das Kyrie cunctipotens an, indem wir primärliturgischen Text und Tropus von zwei verschiedenen Gruppen vortragen lassen: Die Sänger, die die liegenbleibende Stimme, den Bordun, ausführen, setzen mit dem Wort *Kyrie* ein und halten diesen Ton aus, während der Gesang mit den Versen des Tropus *cunctipotens genitor* usw. erklingt. Die zwei Sängergruppen vereinigen sich erst bei dem Wort *eleison,* das sie gemeinsam vortragen.

Durch eine solche Vortragsweise entfernen wir uns vom natürlichen Sprechen, aber in einer gewissen Hinsicht kommen wir dem Sinn des Sprechens näher. Dadurch, daß der Hauptton stets miterklingt, wird die Sprache in *einen* Klang eingebettet. So kommt sie nicht nur als Zusammenstellung von Satzgliedern, wie in der einstimmig vorgetragenen Gregorianik, sondern darüber hinaus als ununterbrochener Fluß, als nicht in Einzelstücke abzutrennende Sinneinheit zur Geltung. Es wird *ein* Klangraum umrissen, der nicht durchbrochen wird, der das sprachliche Geschehen zusammenhält. Er umfängt und behütet gleichsam die Sprache. Dadurch erhält das Gesprochene etwas Unberührbares, der Willkür nicht Zugängliches.

Eine solche Ausführung klingt aber an Mehrstimmigkeit an. Es ist ja auch naheliegend, daß man den gleichzeitigen Vortrag von Haupttext und Paraphrasierung, diese eigentümliche — sagen wir — 'Mehrtextigkeit', mit einer Mehrstimmigkeit verbindet. Es besteht also die Möglichkeit, daß man die Entstehung der Mehrstimmigkeit aus einem theologisch-liturgischen Bedürfnis heraus versteht: aus dem Bedürfnis, den unantastbaren Text gleichzeitig mit seiner deutenden Paraphrasierung vorzutragen. Man könnte auch die Mehrstimmigkeit als eine Art *musikalischer* Paraphrasierung der gegebenen einstimmigen liturgischen Melodie betrachten. Tropus und liturgische Mehrstimmigkeit haben eine verwandte geistige Haltung: Beide bringen Neues hervor, ohne das Alte, das liturgisch Gegebene, auszuschalten. Das Neue selbst soll vielmehr dadurch geheiligt werden, daß es das Alte verwendet und auf ihm fußt. So galt auch die liturgische Weise als unantastbar, wie ein Dogma. Die karolingische Mehrstimmigkeit ist nichts anderes als eine bestimmte Ausführungsweise des gegebenen einstimmigen liturgischen Gesangs.

Die Vermutung, daß die Einführung einer mehrstimmigen Vortragsweise der liturgischen Gesänge mit den Tropen zusammenhängt, ist auch historisch begründet. Nicht nur treten uns beide Erscheinungen gleichzeitig und in denselben Gegenden, im 9. Jahrhundert nördlich der Alpen, entgegen: auch die Quellen, die uns über die älteste mehrstimmige Ausführung der liturgischen Gesänge berichten, veranschaulichen diese Mehrstimmigkeit durch Tropen-Beispiele. (Es sind Sequenzen, eine Tropengattung, die auf die Alleluja-Gesänge angewandt wird.)

Mit dieser ersten historisch greifbaren Mehrstimmigkeit stehen wir vor dem eindrucksvollen Beginn der im engeren Sinn abendländischen Musik.

Die Hauptquelle ist die *Musica Enchiriadis*, ein theoretischer Musiktraktat aus der zweiten Hälfte des 9. Jahrhunderts, der in vielen Handschriften über Europa, von England über Frankreich, Belgien, Deutschland bis nach Spanien, Italien und Österreich verbreitet ist.[1] Diese große Verbreitung zeigt, in welch hohem Ansehen das Werk gestanden hat. In einem Abschnitt wird die mehrstimmige Vortragsweise des Chorals behandelt. Sie heißt *Organum*. Der Verfasser verwendet die Melodie *Rex coeli* (s. nächstes Beispiel) als 'vox principalis', als den gegebenen Choralgesang.

Dieser Gesang wird nun auf eine eigentümliche Weise klanglich gestützt. Solange die Melodie sich im Bereich *c – a* bewegt, verfügt die klangliche Stütze, die 'vox organalis', über die Töne *c – e*. Den Tönen *f, g, a* der Melodie wird jeweils die Unterquarte (*c, d, e*) zugesellt. Da aber die vox organalis nicht unter das *c* hinabsteigen darf, bleibt sie, wenn die Melodie unter das *f* hinabsteigt, auf dem *c* stehen, oder sie bewegt sich im Einklang mit der Melodie. Wenn die Melodie aber den Bereich *c – a* verläßt und höher steigt, wird die klangliche Stütze um eine Quint höher transponiert, so daß jetzt den Melodietönen *g – e'* die klangliche Stütze *g – h* zugeordnet wird. Demnach erhält die organale Ausführung des gegebenen Gesangs folgende Gestalt[2]:

Eine solche Vortragsweise darf nicht als selbständig komponiertes mehrstimmiges Werk angesprochen werden. Wer die Regel beherrschte, konnte die liturgischen Gesänge auf diese Art aus dem Stegreif ausführen. Es lag im einzelnen Fall keine schöpferische Leistung zugrunde, wie wir sie mit der Vorstellung von fertiger Komposition, von selbständigem Werk zu verknüpfen gewohnt sind. Das Organum war als eine bloße Ausführungsweise der liturgischen Gesänge gemeint. Sie steht einer improvisierten Bordunbegleitung (s. S. 16 f.) näher als dem Begriff der fertigen Komposition. Auch hier finden wir das Einbetten des Wortes in einen Klang.

---

[1] Herausgegeben von M. Gerbert, 1784. Neuausgabe: Hans Schmid (Bayerische Akademie der Wissenschaften), im Satz.
[2] Diese Notenzeichen haben keine rhythmische Bedeutung.

Und doch ist das Organum nicht mit jener Stütze durch den liegenden Ton vergleichbar. Dort erklang als Bordun der Hauptton der Melodie, die Finalis *d*. Dadurch wurde der melodische Charakter des Gesangs, sein musikalisches Einheitsprinzip, seine ursprüngliche Struktur nicht im geringsten beeinträchtigt; vielmehr kamen diese Merkmale verstärkt zur Geltung. Hier aber, im Organum, sind Zusammenklangsvorstellungen bestimmend; es herrscht ein klanglicher Eigenwille, der den ursprünglichen Sinn des gegebenen Gesangs wesentlich abändert. Ohne Rücksicht auf die Finalis und die anderen melodischen Haupttöne (s. S. 13) wird jeder Gesang in die oben angegebenen Klangräume, wenn man so will, mechanisch eingeteilt. Um von dort aus die Klangräume zu bestimmen, fragt man nicht, ob die Melodie z. B. auf *c*, *d* oder *e* schließt. Die neue klangliche Vorstellung ist so mächtig, daß sie — wie wir gleich sehen werden — die gegebenen Gesänge umdeutet.

Wie kann sie umschrieben werden? Was sind die Merkmale dieser Bauweise? Schematisch läßt sie sich wie folgt darstellen:

(Wenn *b* im Gesang vorkommt, soll man sinngemäß den Klang-

raum  einführen.)

Es bilden sich geschlossene Klangräume, die durch den Umfang einer Sext (*c – a*, oder *g – e'*) abgesteckt werden. Ein solcher Klangraum ist eine Einheit, ruht in sich. Er darf nicht durchbrochen werden. Ein Überschreiten des Umfangs *c – a* durch das *b* oder *h* nach unten oder oben würde aber wie ein Loch wirken, würde ein Durchbrechen der Klangeinheit bedeuten. Wenn die Melodie den Umfang *c—a* überschreitet, muß sie daher auch den Klangraum verlassen und einem neuen zugeordnet werden. Zu einer Dehnung oder Fortbewegung kann der ursprüngliche Klangkomplex durch die Flügel der Melodie nicht bewegt werden. Er ist wie verwurzelt, er hat statischen Charakter. Er läßt sich auch nicht in einzelne Zusammenklänge zerlegen. Was innerhalb des Klangraums liegt, ist als eine unteilbare Einheit zu verstehen. Nicht die Summe von einzelnen Zusammenklängen, von Einklängen, Sekunden, Terzen, Quarten liegt hier vor, sondern *eine* Klangvorstellung, die sich in einer bestimmten Art, wie eine kreisende Bewegung der Töne äußert.

Dieser geschlossene Klangraum wird durch drei Merkmale gekennzeichnet: a) die Quart-Struktur, b) den Sext-Umfang, c) die Dur-Reihe. Betrachten wir sie näher: Auch die Griechen gingen von der Quart aus. Sie gebrauchten sie vor allem melodisch. In der Musica Enchiriadis erhält sie aber eine neue Bedeutung. Sie wird als Zusammenklang angewendet. Bei den Melodietönen *c* bis *f* erscheint sie als Ziel-Zusammenklang: (*A*)

So ist sie auch melodisch wirksam, denn die Melodietöne *c* bis *f* durchschreiten eine Quart. Von da ab wechselt die klangliche Struktur.

Es erscheinen nur Quart-Zusammenklänge: (*B*)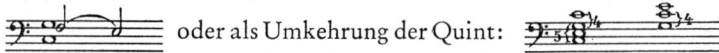

Man sollte versuchen, solche Quarten *langsam* hintereinander zu singen: Sie sind uns gänzlich fremd. Denn aus der späteren, uns geläufigen Musik kennen wir die Quart nicht als selbständigen Zusammenklang. Wir kennen sie entweder als Vorhalt zur Terz:

oder als Umkehrung der Quint:

Die Quint und die Terz haben etwas Zugängliches, Freundliches, Wandelbares, Geselliges. Sie gehen gern eine Verbindung ein. Eine Quint ist zerlegbar in zwei freundliche, einander nicht ganz gleiche Zusammenklänge: die große und die kleine Terz; zwei Terzen bilden eine Quint. Nichts dergleichen bei der Quart. Sie ist in sich geschlossen, ja verschlossen, sphinxhaft, dumpf, kompakt.

So ist für uns eine Musikkultur wie die altgriechische, die auf der Quart beruhte, überaus schwer faßbar. Auch die karolingische Zeit geht von der Quart aus; aber die Übersteigerung des Prinzips führt zu seiner Überwindung: Die Quart kommt hier melodisch *und* klanglich zur Geltung. Das wirkt sich auf die Gestaltung des Klangraums aus. Seinen Kern bildet die sich melodisch entfaltende und sich zum Zusammenklang verwandelnde Quart (s. oben Beispiel *A*). Der Quartzusammenklang setzt sich nun selber in Bewegung und dehnt den Klangkern *A*, so weit es geht (s. oben Beispiel *B*). Es wird die Sext erreicht; sie bildet die Grenze. Denn über sie hinaus entsteht die gefürchtete Kluft durch den diffusen, schillernden Ton *h* oder *b* (bzw. *f* oder *fis*). Damit aber stellt sich von selbst die *Dur*-Reihe *c – d – e – f – g – a* ein. Der hier entstehende Klangraum der Sext kann nicht nach einer anderen Reihe gegliedert, nicht etwa den Kirchentönen der Gregorianik (z. B. dorisch: *d – e – f – g – a – h*) entnommen werden. Das lockere Gefüge der gregorianischen Kirchentöne wird hier der klanglichen Vorstellung und der sich damit einstellenden Dur-Reihe untergeordnet. Man könnte sogar sagen, es wird durch die neue Gliederung der Sext aufgehoben.

So führt dieser unbeugsame Wille der Quart, sich auszubreiten, zur Befreiung von ihrer Alleinherrschaft und zur Überwindung der Kirchentöne (s. auch S. 19). Denn der nun geschaffene Klangraum wird durch den Sextumfang, durch das *Hexachord,* und zwar als Dur-Reihe bestimmt. Außerdem stehen die zwei Hexachord-Klangräume *c-a* und *g-e'* im Quintverhältnis zueinander: *g-e'* ist die Transposition des *c-a* in die Oberquint. Durch die Stoßkraft dieser neuen Elemente gerät das Werden der Mehrstimmigkeit in Bewegung.

Die Polarität zweier im Quintverhältnis zueinander stehender Töne und der Hexachordumfang sind zwar auch im gregorianischen Gesang teilweise wirksam, aber nur melodisch; es fehlt auch der eigentümliche, konstruktive Zusammenhang mit der Quart und die ausschließliche, zwingende Gestaltung des Hexachords als einer Dur-Reihe. Erst in der Mehrstimmigkeit, der Musica Enchiriadis, treten uns diese neuen Momente entgegen. Die karolingische Zeit, die Musica Enchiriadis, will zwar rückwärts orientiert sein. Sie glaubt, die griechische Musik fortzusetzen, indem sie von der Quart ausgeht. Und gerade dadurch schafft sie von Grund auf Neues. Das vermochte sie aber nur, weil sie jenes als Ergebnis geistiger Abstraktion von der historischen Ferne überlieferte Prinzip des Tetrachords, jenes bloße Gerüst, mit der unreflektierten eigenen musikalischen Wirklichkeit verband, mit den musikalischen Grundmächten der neuen Völker nördlich der Alpen.

Wir haben Grund anzunehmen, daß diese heidnisch-germanischen Völker eine von Hause aus anders geartete Musik kannten als die des südlichen Europa. Sie gingen vom Zusammenklang aus und vom instrumentalen Zusammenspiel; nicht von der Kantilene und vom Gesang. Ihre Musik beruhte auf einem *klanglichen* Prinzip, nicht auf einem melodisch-linearen[1]. Man neigte zu Klängen, die schon durch die größere Besetzung (etwa Blechbläser oder glockenähnliche Instrumente) etwas Schwerfälliges, Wuchtiges erhielten, die deswegen auch schwerbeweglich waren. Es wurden Zusammenklänge mit statischem Charakter wie die Quart oder auch die Sekund bevorzugt, sowie Oktav-Verdopplungen, die einen großen Klangraum ausfüllten. Solche Klänge wurden nicht melodisch fortgeführt, sondern schwangen in sich, indem sie durch Floskeln umspielt wurden. Sie wirkten wie Glockengeläute. Ein konstruiertes Beispiel mag dazu verhelfen, die Vorstellung in diese Bahn zu lenken:

Auch hier stellt sich von selbst eine gewisse Dur-Wirkung, eine Dur-Reihe *c-d-f-g-a* (unter Ausschluß der Terz *e*) ein.

Das Organum der Musica Enchiriadis beruht auf dieser musikalischen Haltung. Der Terminus selbst weist auf die instrumentale Herkunft, die instrumentale Vorstellung hin (griech.-lat. *Organum* = 'Instrument'). Aber die Anwendung von Verdopplungen wird auch eigens behandelt. In der Musica Enchiriadis finden wir sogar eine Art der Ausführung des Chorals, die nur aus Verdopplungen des gegebenen Gesangs in der Quint- und Oktavlage besteht:

Sit glo - ri - a do - mi - ni in sae-cu - la, lae-ta - bi-tur do-mi-nus in o - pe - ri-bus su - is.

---

[1] Über die primär klangliche nordische Einstellung vgl. R. v. Ficker, Primäre Klangformen, Jahrbuch der Musikbibliothek Peters 1929, S. 21 ff. Diese grundlegende Studie weist der musikhistorischen Betrachtung neue Wege. Über klangliche Verstärkung s. auch desselben, Perotinus, Organum quadruplum 'Sederunt principes', Wien 1930 (Einleitung). Vgl. weiter desselben, Die Musik des Mittelalters und ihre Beziehungen zum

Im Text wird auch die Anwendung von Verdopplungen bis in den Tripeloktavraum (unter Heranziehung von Instrumenten) erwähnt. Ein solches Klangvolumen war nicht leichtbeweglich. So finden wir die Angabe, daß das Organum 'cum modesta morositate', 'mit bedächtiger Langsamkeit', ausgeführt wurde.

Im Organum spiegelt sich zwar germanische musikalische Haltung. Aber sie wäre nicht greifbar, sie wäre für uns ein Nichts, wenn die Begegnung mit dem Wort ausgeblieben wäre. Erst durch das Wort, als das zeugende historisch-europäische Gedächtnis, ist die germanische Musik in der europäischen Geschichte wirksam geworden. Erst die Vereinigung der germanischen Musik, dieses namenlosen, unbekannten X, mit dem als Musik erklingenden christlichen Wort führte die Verwandlung jener musikalischen Anlage zur abendländischen geistigen Wirklichkeit herbei und legte das Fundament zur kommenden Musik. Man war vom Drang besessen, aus diesen unvereinbar scheinenden musikalischen Haltungen, der nordisch-germanischen und der südlich-christlichen, eine Einheit zu schaffen. Und so entstand die abendländische mehrstimmige Musik.

Aber die neue Musik wurde auch durch die Begegnung der nordischen mit der südlichen *Sprach*haltung wesentlich bestimmt. Wir nahmen früher (S. 16) an, daß beim Vortrag des Tropus der untropierte liturgisch-primäre Text gleichzeitig erklang. Eine solche Vortragsweise entfernt sich freilich vom natürlichen Sprachempfinden. Dieser Zug, das nicht-natürliche Sprechen, wird durch den metrischen Vortrag des Textes noch verstärkt:

Cun - ctipo - tens - genitor - Deus - o - mnicre - a - tor.

Der natürliche Fluß der Sprache, die Sprachgeste geht hier verloren. Es ist, als entdeckte man plötzlich, daß die einzelnen Silben ein Eigengewicht haben, daß der Satz in selbständige Silben zerlegbar ist. Man versteht, daß die Entdeckung dieser Seite der Sprache, die von jetzt ab in den Vordergrund rückt, mit der Ver-

Geistesleben, Deutsche Vierteljahrsschrift für Literaturwissenschaft und Geistesgeschichte, Bd. III, 1925, S. 501 ff.
Aussagen alter Schriftsteller über Musik der Germanen findet man bei H. J. Moser, Geschichte der deutschen Musik, 1. Bd., 5. Aufl. (Stuttgart u. Berlin 1930), S. 34 ff.

wendung von Texten in Versgestalt zusammenhängt. Wir sahen aber auch, daß dieses Neue, das mit der karolingischen Zeit einsetzt, diese Neigung zur deutenden Paraphrasierung der Grundtexte, nördlich der Alpen vor sich ging. Durch die Verbreitung des Christentums ist die lateinische liturgische Sprache mit den germanischen Sprachen in Berührung gekommen. So können wir auch annehmen, daß die Erweckung des Gefühls für das Eigengewicht der Silben im Vortrag des Lateinischen durch diese Berührung mit Sprachen angeregt wurde, die, anders als das Lateinische südlich der Alpen, wuchtig, gehackt erklangen.

Diese Neigung wurde aber durch die musikalische Haltung, die nördlich der Alpen heimisch war und das Eigengewicht der Klänge begünstigte, auf das kräftigste unterstützt. Das Schwerbewegliche der Klänge wurde auf den Vortrag des Textes übertragen. Die klangliche Haltung verlangsamte den sprachlichen Fluß. Unter jede Silbe hängte man einen Klang. Es wurde ein Prozeß eingeleitet, der etwa im Verlauf des 10. und 11. Jahrhunderts zur Isolierung, zur Verselbständigung der einzelnen Klangsilben führte. So konnte später die Klangraum-Einheit der Musica Enchiriadis in einzelne Klänge zerfallen. Das Vorstoßen des Christentums nach dem Norden führte die Auflösung des sprachlichen Satzes durch die Musik herbei. Die Sprache erklang nicht mehr als Sinnzusammenhang, als Satzganzes, als Sprachgeste. Sie war wie erstarrt, und sie brach in einzelne Silben auseinander. Nun galt es, diese Silben neu aneinander zu fügen und daraus ein Ganzes zu bilden, es galt, diesmal anders als im ersten Jahrtausend, die Sprachwirklichkeit aus der *Musik* neu zu schaffen.

Was bedeutet diese neue musikalische Haltung in der karolingischen Zeit? Wie beleuchtet sie das liturgische Geschehen? — Bei der Christianisierung des Nordens übernahm dieser die liturgischen Texte mit den überlieferten Melodien. Denn die Sprache mußte als Gemeinschaftssprache, als Liturgie, somit als Vernehmbares, als *Erklingendes* übernommen werden. Die Vertonung der Texte mußte jedoch der musikalischen Vorstellungsweise der neuen Völker angeglichen werden. Damit hat man aber die frühere Art der Vertonung geradezu in ihr Gegenteil verwandelt: die Sprache ist nicht mehr den Sinnen unmittelbar zugänglich. Sie ist gleichsam nur als Dogma gegenwärtig; sie ist nur ideell vorhanden.

Ein tiefer Einschnitt trennt also das neu Entstehende von der Gregorianik: Er wird gekennzeichnet nicht nur durch das Verlassen der einstimmigen Vertonung, nicht nur durch die Zerlegung der Sprache in Silben mit Eigengewicht: darüber hinaus wird die Liturgie, und somit der religiöse Gehalt, nicht mehr als sprachlich lebende Gegenwart, sondern als geltendes Dogma aufgefaßt, als etwas, das in der Ferne und in weit zurückliegender Zeit auf unbegreifliche Weise aufgestellt wurde. Erst jetzt können wir zwischen einem *gegebenen* Christentum und seiner *historischen* Verwirklichungsweise scharf trennen. Erst jetzt beginnt das Mittelalter.

Das bedeutet für die neue Musik, die auf dem Zusammenklang beruht, daß sie stets die gegebene gregorianische Melodie als Grundlage benützen muß. Sie ist nichts anderes als eine Paraphrasierung dieses gegebenen *cantus firmus*, dieses feststehenden Gesangs.

Drei heterogene musikalische Gegebenheiten treffen in der karolingischen Zeit zusammen: a) eine im engeren Sinn historische: das durch die theoretische Reflexion hindurchgegangene Musikgut der Griechen; b) eine durch geschichtliche Kontinuität geformte christliche Musik: die römische und auch die byzantinische Tradition, die die Musica Enchiriadis kennt; c) die jenseits vom europäisch-geschichtlichen Strom liegende Musik der germanisch-heidnischen Völker. Was diese Gegebenheiten zur Einheit, die Neues bedeutete, zusammenschweißte, was die geistige Kontinuität von der Antike bis zur Neuzeit in der Musik herstellte, war die Macht des Wortes, des erklingenden christlichen Worts.

4. Hohes Mittelalter

Der Kyrie-Tropus 'Cunctipotens' ist in einer Bearbeitung aus der Zeit um 1100 als Organum überliefert (im sog. Mailänder Traktat[1], also auch hier, wie bei der Musica Enchiriadis, in einem theoretischen Werk: nicht als eigentliche Komposition, sondern als Beispiel für die organale Ausführung eines cantus firmus — s. S. 18):

Cun - cti - po - tens   ge - ni - tor   De - us   o - mni - cre - a - tor

---

[1] Herausgegeben von E. de Coussemaker, 1852. Jetzt: H. H. Eggebrecht und F. Zaminer, Ad organum faciendum, Mainz 1970, S. 43 ff.

Während das Organum im Micrologus des Guido von Arezzo, aus dem Anfang des 11. Jahrhunderts, sich noch grundsätzlich wie das der Musica Enchiriadis verhält[1], zeigt das oben wiedergegebene Beispiel eine wesentlich neue Haltung. Der Prozeß der Verlangsamung und dadurch der Verselbständigung der einzelnen Klänge ist schon so weit gediehen, daß wir nur noch gelegentlich eine Erinnerung an die sie ursprünglich verbindende Klangraum-Einheit des Hexachords finden (z. B. die Stelle *genitor Deus*). Auch das Verhältnis zum gegebenen liturgischen Gesang hat sich dadurch gewandelt. In der Musica Enchiriadis wurde die liturgische Melodie lediglich durch einen Klang unterbaut, in einen Klang eingebettet. Ihr Gesangscharakter ging noch nicht gänzlich verloren. Hier aber zerfällt sie in einzelne Töne, und jeder Ton wird Träger eines selbständigen Klangs. Damit hängt zusammen, daß der gegebene Gesang nicht mehr als unmittelbar den Sinnen wahrnehmbare Melodie aufgefaßt wird. Er wird als tektonische Klang-Grundlage verwendet und daher nunmehr von der Oberstimme in die Unterstimme verlegt. Er ist von jetzt ab, als erstarrter *cantus firmus,* nur noch ideell vorhanden. Als Zusammenklänge werden verwendet der Einklang, die Quart, die Oktav und, von jetzt ab immer mehr bevorzugt, die Quint. Man darf vermuten, daß in diesem neuen Organum die beiden Möglichkeiten der Musica Enchiriadis zusammenlaufen: das auf der Quart beruhende eigentliche Organum und die bloße Verstärkung des liturgischen Gesangs durch Quint- und Oktav-Verdopplungen (s. S. 20 und 22). Auch in diesem neuen Organum erhielten wohl die einzelnen Zusammenklänge ein großes Klangvolumen, sie erfüllten einen weiten Klangraum durch Anwendung von Verdopplungen in höheren und tieferen Oktaven, mit Hilfe von Knabenstimmen und Instrumenten. Das Eigengewicht des einzelnen Klangs wurde noch dadurch verstärkt, daß man auf ihm verweilte und ihn improvisatorisch umspielte. Denn der Klang war damals nicht identisch mit dem neuzeitlichen 'Akkord'. Er konnte nicht gleichbleibend länger erklingen. Er wirkte sich in der Zeit als Bewegung aus; er regte sich. Ein Traktat des 12. Jahrhunderts enthält eine praktische Lehre dieser improvisatorischen Umspielungskunst, veranschaulicht durch eine fast unübersehbare

---

[1] Vgl. E. Waeltner, Das Organum bis zur Mitte des 11. Jahrhunderts, Diss. Heidelberg 1955. Erscheint (neubearbeitet) als Münchner Veröffentlichungen zur Musikgeschichte 13, Tutzing.

Fülle von Beispielen[1]. Wenden wir dies auf die ersten Klänge des nur als Gerüst notierten Organums 'Cunctipotens' unter Heranziehung von Instrumenten und Verdopplungen an, um anzudeuten, wie man zu arbeiten hätte, wenn man aus jener stummen Notenschrift erklingende Musik machen wollte:

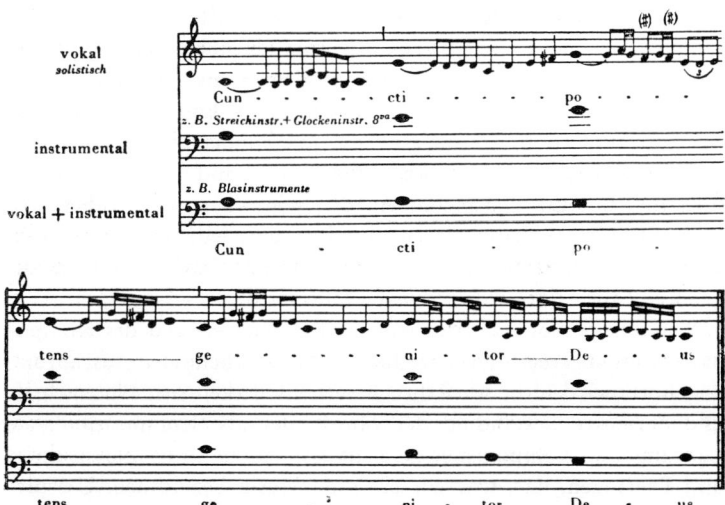

Die Verselbständigung der Klänge machte aber die Frage nach ihrer Verbindung bewußt. Die Auflösung der geschlossenen Klangraum-Vorstellung der Musica Enchiriadis in einzelne Zusammenklänge machte neue Kriterien für ihre Aufeinanderfolge nötig: Beim Fortschreiten zum nächsten cantus-firmus-Ton mußte man sich entscheiden, welchen Klang man anwenden will. Bei stufenweise fortschreitendem cantus firmus bevorzugte man oft eine Wiederholung, z. B. von Quarten [so auf *(ge)nitor De(us)*] oder Quinten. Sonst strebte man einen Wechsel an und verwendete dabei gern das Fortschreiten der einzelnen Klangbestandteile in Gegenbewegung [so z. B. auf *(Cun)-cti-po-(tens)*]. Im ersten Fall stellte man die Klänge bloß nebeneinander; im zweiten Fall entstand etwas wie eine Verklammerung, eine eigentliche Verbindung.

---

[1] Vgl. F. Zaminer, Der Vatikanische Organum-Traktat (Ottob. lat. 3025), Münchner Veröffentlichungen zur Musikgeschichte 2, Tutzing 1959. Auf die Bedeutung des Traktats hatte R. v. Ficker, Kirchenmusikalisches Jahrbuch 1932, S. 65 ff., hingewiesen.

Jetzt wird auch nötig, daß man die Klänge durch Notenschrift fixiert. Denn es liegt nicht mehr, wie in der Musica Enchiriadis, eine bloße Ausführungsweise des Chorals vor, die durch die Anwendung der Regeln zustande kommt (s. S. 18 und 25), sondern jeweils eine besondere einmalige Verwirklichung, eine 'res facta', ein fertiges Werk. Der Musiker sucht und stellt Klänge frei zusammen, er kom-poniert. Erst von jetzt ab gibt es mehrstimmige Kompositionen im engeren Sinn. So begegnen uns Sammlungen von Organa-Kompositionen: Nach Ansätzen in England, schon im 11. Jahrhundert, findet man im 12. Jahrhundert in Nordspanien und besonders in Frankreich (St. Martial) umfangreiche Sammlungen. Auch die Umspielungen, die, wie wir sahen, früher eine Sache der Ausführung waren, werden nun, jedenfalls zum Teil, schriftlich fixiert. Sie hören auf, der Improvisationsebene anzugehören; auch sie werden zum Bestandteil der res facta.

Wir sehen: Notiert wird, was man als Gegenstand des Komponierens im engeren Sinn betrachtet. Was der Ebene der Ausführung angehört, wird nicht schriftlich fixiert. Es decken sich Notenschrift und derjenige Bestandteil der Musik, der als 'Komposition', als Leistung des Komponisten gemeint ist; jedoch nicht Notenschrift und Erklingen, das, was wir eben als Musik bezeichnen. Umspielungsmöglichkeiten, Verdopplungen, Besetzung (ob vokal oder auch instrumental, ob solistisch oder chorisch, ob Männerstimmen oder auch Knabenstimmen), Tempo, Tonstärke-Abstufungen, Klanggebung, kurz: alles, was die Musik erst zur Musik, nämlich zum Erklingenden macht, ist aus der Notenschrift nicht zu entnehmen. Selbst die Beschaffenheit der Intervalle vermag uns keine Notenschrift zu verraten. Wie eine Sekund, wie eine Terz akustisch beschaffen sind, ihre wirklichen Schwingungsverhältnisse, erfahren wir erst durch die Kenntnis des Tonsystems. Im 12. Jahrhundert ist auch der Rhythmus noch nicht schriftlich fixiert. So ist die Entzifferung der Notenschrift nicht identisch mit der Wiederherstellung der Musik. Eine Kluft trennt Notenschrift und erklingende Musik. Das gilt auch für später, für jede schriftlich überlieferte Musik, selbst wenn sie bei weitem ausführlicher aufgeschrieben ist als die des Mittelalters.

Dies ist das Eigentümliche der musikgeschichtlichen Disziplin: der Gegenstand, mit dem sie sich befaßt, die Musik, wird ihr nicht als

Fertiges gegeben. Er muß erst von ihr geschaffen werden. Das Wesentliche der musikgeschichtlichen Interpretation sollte im Musik-*Machen* bestehen. Man sollte zeigen, wie man Klang hinstellen kann. Das könnte man aber nur an Hand von Tonaufnahmen andeuten. Solange die Musikgeschichte keine Tonaufnahmen zu diesem Zweck verwendet, wird sie eine ihr gemäße Methode nicht finden können. Tonaufnahmen sollte sie verwenden, um auf die Problematik ihres Gegenstandes, auf die Problematik der Musikentstehung, auf das Verhältnis von Notenschrift und Erklingendem mit Nachdruck aufmerksam zu machen; nicht — was oft geschieht — um fertige Musik als Illustration zum Text, als Musikgeschichte in Beispielen anzubieten. Denn wenn sie so arbeitet, verfällt sie dem Irrtum, ihr Gegenstand sei in gleichem Sinn vorhanden, wie er etwa dem Kunst- oder Literarhistoriker vorliegt. Fertige Musik als Beispiel bringen, bedeutet, etwas Willkürliches, Unverbindliches an die Stelle des historisch Gegebenen setzen — es sei denn, man verbindet damit die Absicht, die gerade vorliegende Interpretation zum Gegenstand der Betrachtung zu machen. — Doch wir wollen die Frage nach dem Verhältnis von Notenschrift und Erklingen nicht weiter verfolgen. [1]

Das Ausarbeiten des cantus firmus zu einer jeweils eigenen Komposition ließ die mehrstimmige Musik als etwas Selbständiges, als Selbstzweck erscheinen. Es bestand die Neigung, sie als Zwischenspiel, als Einlage in die Liturgie zu verstehen. Dem war aber schon durch die bisherige Geschichte des Organums vorgearbeitet: Wir sahen (S. 17), daß die Tropen, jene als paraphrasierende Einlagen sekundär entstandenen Gesänge, die Einbruchstelle der mehrstimmigen Ausführung des Chorals bildeten. Dieser Charakter der Einlage wird nun zusammen mit dem Hervortreten von schriftlich fixierten Kompositionen in der Zeit nach 1100 noch deutlicher, da von jetzt ab bis in das 14. Jahrhundert die mehrstimmige Vertonung von Ordinariumsgesängen (s. S. 9) gänzlich zurücktritt und eine besondere Gattung von Gesängen für die mehrstimmige Bearbeitung bevorzugt wird, eine Gattung, der von Anfang an eine spezifisch musikalische Aufgabe zufiel. Es sind diejenigen Gesänge,

---

[1] Darüber vgl. Th. Georgiades, Die musikalische Interpretation, Studium Generale, Jg. 7, 1954; ders., Musik und Schrift, München, 2. Aufl. 1964.

die zwischen die Lesungen, Epistel und Evangelium, eingeschoben werden, so das Graduale und die Alleluja-Jubilen. Hier wurden viele Melismen angewendet, und die Silben rückten auseinander. Nicht eine musikalische *Sprach*verwirklichung war beabsichtigt, sondern es kam ein eigenständiges Musizieren zustande. Es war ein Ereignis, wenn der Sänger, dessen Name in Rom dem anwesenden Papst gemeldet wurde, die Stufen des Ambo betrat, um das Graduale zu singen. Ihm folgte der nächste, der Alleluja-Sänger. Diese Gesänge hatten daher von Hause aus einen Zwischenspielcharakter; es waren regelrechte, ziemlich lange musikalische Einlagen zwischen den Lesungen.

Ein Vergleich mit der bildenden Kunst kann vielleicht die Verschiedenheit der zwei Gesangsgattungen verdeutlichen: Diejenigen Gesänge, in denen die *Sprache* zur Geltung kommt, sind wie eine Verwirklichung des Menschen als sprechendes Wesen. Hier ist 'Sprache' das Gegebene. Sie ist ebenso unentbehrlich zum Verständnis des musikalischen Werks, wie die Berücksichtigung des dargestellten Menschen in der bildenden Kunst: So wie man nicht bloß Farben und Formen betrachten kann, ohne die Beziehung zu dem dargestellten Menschen zu berücksichtigen, so muß man die Töne in Beziehung zu der dargestellten Sprache setzen. Die melismatischen Gesänge und, besonders seit etwa 1100, die mehrstimmigen Bearbeitungen wären hingegen mit dem *Ornament* in der bildenden Kunst zu vergleichen — mit dem Ornament als einer selbständigen Kunstäußerung. Nun galt es, von diesem mosaikartigen Zusammenstellen von Floskeln und Klängen ausgehend, den Menschen als Sprache wieder zu erobern, von hier aus ihn neu zu schaffen; es galt, die Synthese der zwei Gattungen, des *Ornaments* und der *Menschendarstellung,* zu finden. Und das ist die Aufgabe der abendländischen Musik geworden: die 'Musikalisierung' der Sprache oder auch die 'Versprachlichung' der Musik — ein Prozeß, der von einem tiefen Ahnen um den Sinn der Aufgabe zeugt. Dieses Werden erstreckte sich mit unbeirrbarer Stetigkeit über fast ein Jahrtausend, bis es seinen Abschluß mit den Wiener Klassikern, Haydn, Mozart und Beethoven, fand. Sein Ziel war: Musik als Darstellung des Menschen im Sinne seiner Ebenbildlichkeit Gottes.

Die Zeit um 1100 bringt also einen Einschnitt. Es scheint, daß erst jetzt die Folge der Einbürgerung des klanglich-instrumentalen Prinzips (s. S. 22) wirksam wird: der Übergang von der Kunstgattung der Menschendarstellung als Sprachdarstellung in die des Ornaments. So ist wohl zu verstehen, daß, so lange die Mehrstimmigkeit auf dieser Ebene steht, jene Gattung der liturgischen Gesänge gepflegt wird, die als musikalische Einlagen bezeichnet wurden, und daß erst vom 14. Jahrhundert ab die mehrstimmige Vertonung von Ordinariumsgesängen wieder aufgenommen wird.

Inzwischen übte sich während des 13. Jahrhunderts die Musik in anderen Aufgaben. Um 1200 blühte in Paris die Notre-Dame-Schule unter dem Meister Perotinus. Hier entstanden die großen Organa, die drei- und sogar vierstimmig notiert wurden. Diese notierten Klänge erhielten aber auch jetzt, so wie früher, durch Verdopplungen und Anwendung von Instrumenten ein viel größeres Volumen.

Der Grund, weshalb sie drei- oder vierstimmig notiert wurden, war, daß jetzt die einzelnen Klänge nicht nur aus zwei verschiedenen Tönen, wie früher, bestanden, sondern aus mehreren. Früher verwendete man nur 'Zweiklänge', z. B. , jetzt auch 'Drei-, sogar auch 'Vierklänge', z. B. oder

Es ist wohl diese Wucht des Klanglichen, die eine bewußter als bisher durchgeführte rhythmische Gliederung notwendig machte. Den Ausgang bildete das Bedürfnis nach Wiederkehr des Gewichts in gleichen Abständen, wie die sich gleichförmig wiederholende Wucht des Hammerschlagens. Es kristallisierten sich während eines Organums stets wiederkehrende Rhythmen aus, die sog. rhythmischen Modi, beispielshalber ... oder ...

Die modale Rhythmik vereinigte sich aber bald mit einer neuen Stufe der musikalischen Verwirklichung der Sprache. Im Verlauf des 13. Jahrhunderts entstand nämlich aus dem Organum die Motette: Den textlosen Klangfolgen des Organums, den ursprünglichen Melismen, unterlegte man neue Texte — ein Verfahren, das an den Tropus erinnert. Man komponierte auch neue Stimmen hinzu. Später verwendete man verschiedene Texte für die einzelnen Stimmen.

Beim Vortrag erklangen sie gleichzeitig, und zwar zusammen mit den Textsilben des cantus firmus.[1]

Bald verwendete man nicht nur mehrtextige, sondern auch mehrsprachige Motetten (z. B. lateinisch und französisch). Man verband sogar geistliche mit weltlichen Texten, doch so, daß die durch den cantus-firmus-Text vertretene Idee als das Verbindende erscheinen konnte.

Kommt das aber nicht einer Vergewaltigung gleich? Soweit wir Sprache als den Bedeutungszusammenhang verstehen, ja. Das, was die Sprache zur Sprache macht, kommt hier zwar nicht zur Geltung. Aber durch die Musik werden hier andere Seiten hervorgekehrt. Was mit dem Organum der karolingischen Zeit begonnen hatte, wird hier zu Ende geführt; was dort nur latent vorhanden war, erhält hier ausdrückliche Gestalt. Von der Musik wird die sich geradezu materiell auswirkende rhythmische Wucht der Sprache erfaßt — ein Zug, der der germanischen Haltung entgegenkommt (s. S. 23 f.). Die Erstarrung aber, die besonders durch die Anwendung der schematischen rhythmischen Modi zustande kommt, erlaubt, daß auch eine andere Seite der Sprache uns bewußt wird: an Stelle des lebendigen Bedeutungszusammenhangs kommt ihre schematisch-symbolische Beziehung zu einer außer ihr liegenden Idee, zum cantus firmus, zur Geltung. Auch dies ist ein Zug des germanischen Geistes, und er begegnete uns schon bei der liturgischen Verwendung der gregorianischen Gesänge seit der karolingischen Zeit, besonders aber seit etwa 1100 (s. S. 15 und 25 f.). Wir sehen: Das 13. Jahrhundert ist noch weit davon entfernt, die Sprache als Ganzes musikalisch zu verwirklichen. Dennoch macht es uns durch die Musik auf bestimmte Seiten aufmerksam, und schafft somit gewisse Voraussetzungen für die später folgenden Stufen der Sprachvertonung.

Durch die modale Rhythmik wird zwar die Sprache als Erstarrtes dargestellt. Durch das Zusammenfassen des Ablaufs in geordnete Rhythmen wird aber gleichzeitig auch eine erste Möglichkeit gegeben, die Sprache — wenn auch mechanisch — zu gliedern,

---

[1] Über die Motette des 13. Jahrhunderts s. Fr. Ludwig in Adlers Handbuch der Musikgeschichte, 1. Aufl. Frankfurt a. M. 1924, S. 198 ff. (= 2. Aufl. 1930, S. 232 ff.).

und durch die Wiederholung der rhythmischen Glieder sie als einen Zusammenhang darzustellen.

Dies wird aber auch durch die Wandlung des musikalischen Satzes begünstigt: Im Verlauf des 13. Jahrhunderts kristallisierte sich ein besonderer Dreiklang aus, derjenige, der als einziger heute 'Dreiklang' genannt wird. Er besteht aus zwei Terzen, die sich zu einer Quint ergänzen: große und kleine Terz: *c – e – g*, oder kleine und große Terz: *a – c – e*. Damit aber ist der musikalische Satz in neue Bahnen gelenkt worden. Bisher bildeten Quarten und Quinten die Grundlage der Klänge (s. S. 20 f.). Diese Intervalle konnten aber nicht eine innige Verbindung eingehen, eine Verbindung, die eine neue charakteristische Einheit bildet. Erst mit dem Hervortreten der Terz wurde dies ermöglicht. Terz und Quint ergänzen sich auf eigentümliche Weise. Sie vereinigen sich zu einem neuen Gebilde, dem Dreiklang. Welches sind seine Merkmale? Ruhe und trotzdem Neigung zur Bewegung, zur Verbindung, zur Fortschreitung. Das in sich Ruhende, den statischen Charakter erhält der Dreiklang durch die Quint; das damit verbundene Wohlgefällige durch die Abrundung, die durch die Zusammenfügung der zwei Terzen zur Quint entsteht. Die Neigung zur Bewegung erhält hingegen der Dreiklang durch die Terz. Es gibt keine reine, in sich geschlossene Terz, wie die reine Quart und die reine Quint, sondern es gibt große und kleine Terzen (in anderen Musikkulturen sogar mehrere feinere Differenzierungen). Ein Terzklang ruht nicht in sich, sondern will in einen statischen Klang, in ein reines, eindeutiges Intervall verwandelt werden. Die Bestandteile der Terz leiten zu diesem abschließenden Klang hin. Die große Terz neigt zur

Quint , die kleine zum Einklang

Durch den Dreiklang wurde daher der linear-melodische Drang zur Bewegung auf die statische Haltung der klanglichen Musik übertragen. Das melodisch-lineare Merkmal der Leitton-Bildung wurde auch auf die reinen Klänge übertragen. (Im 13. Jahrhundert empfand man stärker als das Ruhende das zur Fortbewegung Drängende des Dreiklangs, denn dies war das Neue. So schloß man noch lange nur in leeren Quint- und Oktavklängen, die keine Terz enthielten.) Erst jetzt erstanden der Musik die Voraussetzungen zu einer Mehrstimmigkeit im eigentlichen Sinne, der die melodisch zwingende Neigung zur Fortbewegung ebenso wie der primär klangliche Charakter (s. S. 22) innewohnt, einer Mehrstimmigkeit, deren Klänge einen zwingenden Zusammenhang, einen einheitlichen Fluß bilden können. (Aber nur die Voraussetzungen zu dieser Wendung finden wir im 13. Jahrhundert. Es hat noch lange gedauert, bis alle Folgerungen gezogen wurden.)

Es leuchtet ein, daß sich die neue Tendenz auf die Verwirklichung der Sprache auswirken mußte: Erst jetzt erstand der mehrstimmigen Musik die Voraussetzung, die erlaubte, Sprache als Zusammenhang, als Strömen zu verwirklichen, etwas Ähnliches ins Auge zu fassen, wie die einstimmige Gregorianik des ersten Jahrtausends, die Aufgabe der Darstellung des Menschen als eines sprechenden Wesens wieder aufzunehmen.

Man hat angenommen, daß in England schon früh eine besondere Vorliebe für Terzen vorhanden war. Im 14. Jahrhundert führte sie — wie wir im nächsten Kapitel sehen werden — zur Entstehung eines neuen, flüssigen Satzes. Es ist aber vielleicht angebracht, diese Feststellung mit der auffallenden Tatsache in Verbindung zu bringen, daß gerade in England gleichzeitig mehrstimmige Messensätze anzutreffen sind, in denen der sprachliche Fluß zur Geltung kommt.

5. Vierzehntes und fünfzehntes Jahrhundert

Bevor wir uns aber mit den englischen Vertonungen befassen, wollen wir einen Blick auf den Kontinent werfen. Während sich im 14. Jahrhundert der Beitrag Italiens auf die weltliche Mehrstimmigkeit beschränkt, sind aus dem französischen Sprachgebiet zwei vollständige mehrstimmige Messen (s. S. 9) — die ältesten überlieferten – erhalten, die sog. Messe von Tournai und die von Machaut vertonte Messe.

Die ältere von beiden ist die Messe von Tournai[1], so benannt nach der belgischen Stadt Tournai, in der die Handschrift der Komposition aufbewahrt wurde. Die Messe ist dreistimmig. Ihre Ent-

---

[1] Herausgegeben von E. de Coussemaker, 1861. Neue Editionen: L. Schrade, Polyphonic Music of the Fourteenth Century 1, Monaco 1956; Ch. van den Borren, Corpus Mensurabilis Musicae 13, o. O. 1957.

stehung fällt wahrscheinlich in die erste Hälfte des 14. Jahrhunderts. Kyrie, Sanctus und Agnus weisen eine altertümlichere Vertonung auf als das Gloria und das Credo. Das Eigengewicht der einzelnen Klänge, das hier noch bestimmend ist, verursacht einen metrisch wuchtigen Vortrag. Es herrscht noch die Modalrhythmik. Das Gloria und das Credo sind hingegen rhythmisch und klanglich beweglicher. Die Modalrhythmik ist aufgegeben. Im Gloria bewegen sich besonders die zwei Oberstimmen vielfach in kleinen Notenwerten. Wir nehmen hier nicht so sehr ein Skandieren wahr; der Satz fließt freier, es eröffnet sich die Möglichkeit, der Sprache auch als zusammenhängender Prosa Rechnung zu tragen.

Die Messe von Machaut ist erst nach der Mitte des 14. Jahrhunderts entstanden, möglicherweise zur Krönung des französischen Königs Karl V. im Jahre 1364. Der Dichter und Musiker Guillaume de Machaut ist der bedeutendste Komponist des 14. Jahrhunderts. Seine Messe ist 4stimmig notiert – ein seltener Fall, da die Kompositionen im 14. Jahrhundert in der Regel nicht mehr als drei Stimmen aufweisen. Das Kyrie benützt als cantus firmus das öfters angeführte 'Kyrie cunctipotens'; Sanctus und Agnus verwenden als cantus firmus das Sanctus und Agnus aus der XVII. gregorianischen Messe. Man kann aber den cantus firmus kaum aus dem Gefüge der Klänge heraushören. Dem religiös-liturgischen Bedürfnis war Genüge damit getan, daß er vorhanden ist. Gloria und Credo verwenden keinen cantus firmus.

In dieser Messe läßt sich die Neigung erkennen, daß die Silben zu Satzgliedern zusammengeballt werden (s. Beispiel S. 71). Aber innerhalb der Glieder herrscht noch ein mechanisches Skandieren vor, das sich auch in der falschen Betonung kundtut. Das Konstruktiv-

35

Schematische der Motetten Machauts ist auch für die Messe kennzeichnend. Was man sich vom Organum bis zur Motette angeeignet hatte, kommt jetzt der Messenkomposition zugute; es wird bei der beginnenden neuen Auseinandersetzung mit dem primär liturgischen Wort des Messentextes verwendet.

Die erwähnten Messen unterscheiden sich aber nur wenig von dem übrigen musikalischen Schaffen der Zeit, das im 14. Jahrhundert wesentlich weltlich orientiert war. Ein weltlicher Zug kam auch in der Liturgie schon dadurch zur Geltung, daß sich Priester und Sänger voneinander unabhängig machten. Der Priester wurde jetzt mehr zum einzigen Träger der Liturgie, etwa in der sog. 'missa lecta', in der stillen Messe. In Wechselwirkung zu dieser Erscheinung steht die Verselbständigung der musikalischen Messe als des einzigen erklingenden Trägers der gottesdienstlichen Handlung. Dadurch verlagerte sich das Gewicht der Handlung wesentlich nach der musikalischen Seite hin. Von jetzt ab darf man die Messe auch als selbständiges musikalisches Kunstwerk verstehen. So beginnt die neue Phase der Messenvertonung mit einem Sieg der Verselbständigung der mehrstimmigen Musik. Was wir für das 12. und 13. Jahrhundert feststellten, das Beherrschen der Mehrstimmigkeit durch die Gattung der selbständigen musikalischen Einlage, der Musik als Ornament, findet hier eine Parallele.

Es wurde erwähnt, daß die Pflege der mehrstimmigen Kirchenmusik im 14. Jahrhundert zurückgegangen war. Nur England bildete eine Ausnahme. Hier finden wir die meisten Messensätze der Zeit. Diese konservativen Sätze sind sehr schlicht. Wir finden aber in ihnen auch ein Merkmal, das vorwärts weist: Es besteht die Neigung, in diesen Sätzen die gegebene liturgische Melodie, den cantus firmus, wieder, wie vor 1100, als man noch Messensätze mehrstimmig setzte, in der Oberstimme zu bringen. Das bedeutet, daß die liturgische Melodie wieder als Ganzes, eben als Melodie wahrnehmbar wird. Der cantus firmus hat hier nicht jene nur konstruktiv-ideelle Bedeutung, die wir z. B. in der Messe von Machaut feststellten. Er ist nicht der bloße Vertreter des Dogmas. Bei den Engländern erklingt er wieder als einheitlicher Fluß, als lebendige Sprache.

Dies wurde aber auch durch den in klanglicher Hinsicht flüssigen Satz der Engländer begünstigt. Wir sahen, daß die Vorliebe für

Terzen wesentlich dazu beitrug (vgl. S. 34). Nun traten die Sexten hinzu und verstärkten die Neigung der Terzen nach Fortschreitung. Man verwendete die Terz-Sextklänge gern zur Bildung einer Bewegung nach einer Richtung, eines *Gangs* aus Klängen, die von einem Klangzentrum zu einem anderen hinführten. Ein solches uns natürlich anmutendes musikalisches Satzglied wird der Träger eines sprachlichen Satzgliedes, das auf diese Weise etwas Natürlich-Fließendes erhielt:

Et in ter - ra pax ho-mi - ni - bus bo-nae vo-lun - ta - tis.

Diese für das 14. und beginnende 15. Jahrhundert typischen Terz-Sext-Klänge bewirken eine milde Spannung, eine Beweglichkeit. Der in sich ruhende Klang der Quint, der im Dreiklang noch erhalten war, fehlt hier völlig; er wurde durch die Sext ersetzt: Die

abschließende Wendung [Notenbeispiel] (13.Jahrh.) wurde etwa über die improvi-

satorisch auftretende Kolorierung [Notenbeispiel] zu der Klausel

[Notenbeispiel] (14.Jahrh.) verwandelt. Aber auch direkt aus den alten Quint- und Quart-Klängen entstanden im 14. Jahrhundert, besonders in England, Terz-Sextklänge: [Notenbeispiel] koloriert: [Notenbeispiel] → [Notenbeispiel]

(Diese Klauseln waren auch durch den sog. doppelten Leitton gekennzeichnet: *e – f* und gleichzeitig *h – c*. Dadurch entstand eine Häufung von Leittönen, somit auch von alterierten Tönen — s. oben Beispiel Et in terra.)

Die Einführung der Terz-Sext-Klausel ist nicht nur in England, sondern für die gesamte mehrstimmige Musik des 14. Jahrhunderts charakteristisch. Aber nur in England wird der Terz-Sext-Klang zum Prinzip erhoben. Nur dort findet jene konsequente, eindeutige und dabei schlichte Anwendung in der Art des angeführten Beispiels statt, die mit dem Hervortreten des Melodischen eng verknüpft ist und einen schlichten psalmodischen Vortrag des Textes erlaubt. Sie heißt in ihrer strengen Gestalt (Gänge aus Terz-Sext-Klängen, die in Quint-Oktavklänge münden) Fauxbourdon.[1] Sie ist, mehr denn als Neuerung, aus dem Geist der Tradition zu verstehen: Die nebeneinandergestellten Quarten, die sich zwischen den Oberstimmen bilden, hängen mit der uralten Verdopplungspraxis und mit dem Organum der karolingischen Zeit zusammen (s. S. 20 und 22); die Unterstützung der Melodie durch nebeneinander gestellte gleiche Klänge ist mit der Verstärkung durch Quinten und Oktaven (s. S. 22) verwandt; und auch die damit verbundene improvisatorische Ausführung (s. S. 18) hängt mit der alten Improvisationspraxis zusammen. Dies alles trifft sich mit der Wiederanknüpfung an die Tradition des cantus firmus als Oberstimme und dem Wiederaufnehmen des mehrstimmigen Vortrags der Messensätze. Oder sollte man sogar ein unterirdisches Weiterleben dieser Gepflogenheiten in England von der karolingischen Zeit bis zum 14. Jahrhundert annehmen?

Die Vertonung von Messensätzen blüht in England besonders zu Beginn des 15. Jahrhunderts. Hier begegnet uns zum ersten Male auch eine Wendung in der Messenvertonung: Man strebt danach, die Folge der einzelnen Sätze einer Messe zu einer musikalischen Einheit zusammenzuschließen. Man strebt eine geschlossene Messenkomposition an. Dies wird dadurch erreicht, daß z. B. in allen Sätzen derselbe melodische Kern wiederkehrt, oder auch dadurch, daß die Oberstimme in allen Sätzen denselben Melodiebeginn aufweist. Solche Mittel förderten die melodische Einheit auch innerhalb der einzelnen Sätze.

---

[1] An der Diskussion über Fauxbourdon sind H. Besseler, M. Bukofzer, R. v. Ficker, Th. Georgiades und neuerdings H. Flasdieck und N. L. Wallin beteiligt. Die Ansichten gehen zum Teil auseinander. Als letztes vgl. die Beiträge von v. Ficker, Besseler, Flasdieck und v. Ficker, Acta Musicologica XXIII (1951), XXIV (1952) und XXV (1953). — Die obige Darstellung lehnt sich an Th. Georgiades, Englische Diskanttraktate aus der 1. Hälfte des 15. Jahrhunderts; Untersuchungen zur Entwicklung der Mehrstimmigkeit im Mittelalter, München 1937, an. Auch das Beispiel 'Et in terra', hier S. 37, ist daraus (S. 98) entnommen.
Zur Fauxbourdon-Frage vgl. neuerdings: R. Bockholdt, Englische und franko-flämische Kirchenmusik in der ersten Hälfte des 15. Jahrhunderts, in: Geschichte der katholischen Kirchenmusik I, herausgegeben von K. G. Fellerer, Kassel 1973, S. 427 ff.; dort auch weitere Literatur.

Die oben erwähnte Wendung in der Messenvertonung ist mit dem Namen des großen englischen Musikers J. Dunstable verknüpft. Als Beispiel dafür, wie es Dunstable verstanden hat, eine natürlich fließende Sprache durch einen freien prosamäßigen Rhythmus und eine psalmodierende Melodik zu verwirklichen, diene der Beginn der Oberstimme aus einem dreistimmigen Gloria.[1] Das breite, ruhige Strömen verbindet sich mit der Neigung zu melodisch-tonaler Einheitlichkeit.

Et in ter - - - ra _____ pax homini-bus bo - nae vo - lunta - tis.

Man ist schon weit entfernt von den improvisatorischen Klangumspielungen des 12. Jahrhunderts (s. S. 27). Aber auch gegenüber der tektonischen Bauweise Machauts erscheint diese Melodiebildung vorwärts gerichtet. Und doch wurzelt diese Musik Dunstables in jener konservativen englischen Haltung des 14. Jahrhunderts.

Vergegenwärtigen wir uns, wie sich Musik und Liturgie im 15. Jahrhundert zueinander verhielten: Um eine musikalische Einheit aller Messensätze zu erreichen, konnte man dem einzelnen Satz nicht die einstimmige liturgische Melodie als cantus firmus zugrundelegen, da sie mit jedem Gesang (Gloria, Credo usw.) wechselt. Wichtig war aber jetzt nicht mehr jene ideelle Bindung an die geheiligte liturgische Vortragsweise des Textes wie in früheren Zeiten. Der cantus firmus wurde nicht mehr wie ein Stellvertreter des Dogmas empfunden. Seine geistige Bedeutung wurde eingeengt. Er wurde als eine nur-musikalische Gegebenheit verstanden. Man erblickte in ihm dasjenige Element, das für den musikalischen Bau der Komposition das Gerüst liefert. Man erwartete von ihm, daß er ein brauchbares Mittel für die Herstellung der musikalischen Einheit bildet. So wählte man jetzt *einen* cantus firmus für alle Sätze einer Messe und stellte damit die *musikalische* Einheit der Messenvertonung her. Dafür ging die *liturgische* Kontinuität ver-

---

[1] Aus Denkmäler der Tonkunst in Österreich XXXI, S. 114. Dazu vgl. R. v. Ficker, Die frühen Messenkompositionen der Trienter Codices, Studien zur Musikwissenschaft 11, Wien 1924, S. 52 ff.

loren, denn jetzt verwendete man als cantus firmus nicht eine mit den betreffenden Sätzen zusammenhängende Melodie, sondern irgend eine andere liturgische Weise. Auch in dieser Erscheinung finden wir also die schon früher (S. 36 f.) festgestellte Neigung: Die musikalische Messe tritt uns im 15. Jahrhundert nicht nur als eine Komponente der Liturgie, sondern als selbständiges Kunstwerk entgegen.

Schon in der ersten Hälfte des 15. Jahrhunderts verbreitete sich Dunstables Musik auf dem Kontinent. Dadurch kam eine Vereinigung der beiden musikalischen Strömungen, der englischen und der französischen, zustande, die eine neue Wendung auch in der Messenvertonung herbeiführte. Paris war nicht mehr wie im 14. Jahrhundert das musikalische Zentrum; dieses hatte sich auf burgundisch-flämisch-holländisches Gebiet verlagert. Man verließ die jetzt maniriert, gekünstelt anmutende französische Kompositionsweise des 14. Jahrhunderts. Der erste große Meister, Guillaume Dufay, der um die Mitte des 15. Jahrhunderts wirkte, eignete sich das Neue der englischen Musik an. Er pflegte stark das Melodische. Doch finden wir bei ihm nicht jene naturalistisch umrankende, freie melodische Kolorierung der Engländer. Seine Musik wird stark vom Geist des französischen Lieds, der Chanson, bestimmt.

Auch die Wahl des cantus firmus wurde davon beeinflußt: Wir sahen, daß man, um eine musikalische Geschlossenheit der Messe zu erreichen, der ganzen Messe einen einzigen cantus firmus zugrunde legte, den man in jedem Messensatz wiederholte. Dieser cantus firmus konnte daher nicht mehr die liturgisch-gregorianische Melodie des betreffenden Satzes sein. Nun ging man aber noch einen Schritt weiter: Nachdem der cantus firmus nicht mehr eine konkrete liturgische Bindung des einzelnen Messensatzes versinnbildlichte, verzichtete man überhaupt darauf, ihn aus der liturgisch-gregorianischen Musik zu entnehmen. So wählte man von jetzt ab als cantus firmus meist eine *weltliche* Melodie. Das Gerüst der Messe konnte eine weltliche Chanson, z. B. ein Liebeslied bilden; diesen cantus firmus trug meist die Tenorstimme.

Es folgten die zwei Komponisten-Generationen der sog. Niederländer mit Ockeghem, Obrecht und Josquin Desprez, deren Tätigkeit sich von der zweiten Hälfte des 15. Jahrhunderts bis zum Anfang des 16. erstreckt. Die ersteren förderten nicht so sehr die

Sprachvertonung wie den musikalischen Satz selbst. Als man auf dem Kontinent die traditionsgebundene volkstümlich gefärbte Haltung der Engländer übernahm, deutete man sie im Sinne der aus dem 14. Jahrhundert abgeleiteten kontinentalen Tradition um; man ging nämlich bei der Komposition wieder zu einer tektonischen Bauweise über. Auf das vorige Kapitel zurückgreifend könnte man sagen: In die englische, als Darstellung des Menschen zu verstehende Musik wird die Musik als eigenständiges Ornament hineingetragen. Erst hundert Jahre später wurde mit Palestrina und Orlando die Synthese erreicht. Dunstables Musik als Summe und schöpferische Neugestaltung der englischen Tradition stellte mehr eine Forderung als eine Erfüllung dar: Die Forderung nach der mehrstimmig-musikalischen Verwirklichung der natürlich deklamierten lateinischen Sprache. Palestrina brachte auf dem Gebiet der Messe die Erfüllung dieser Forderung. Ermöglicht wurde dies aber erst durch die musikalisch-konstruktive Arbeit der Niederländer.

Betrachten wir noch kurz den Wandel der Satztechnik. Die Geschmeidigkeit der klanglichen Mittel hatte seit der Mitte des 15. Jahrhunderts durch die Einbürgerung der Vierstimmigkeit wesentlich gewonnen. Sie begünstigte das Zustandekommen von Klangfolgen, die eine inniger befestigte Einheit bildeten. Man entdeckte die enge Verwandtschaft der im Quint- oder Quart-Verhältnis zueinander stehenden Klänge. Aus der S. 37 angeführten Klausel des

15. Jahrhunderts entstand jetzt die folgende:

Die tiefere Stimme, die den Schritt V – I vollzieht, erhielt von jetzt ab eine eigene Bedeutung.

Bei Ockeghem (s. Beispiel S. 72) stehen die tektonisch-musikalischen Probleme im Vordergrund, die Musik als 'Ornament'. Feststehende Wendungen, melodische Formeln, die mosaikhaft zusammengestellt wurden, finden häufige Anwendung. Es werden verschiedene rhythmische Ordnungen aneinandergereiht, ineinandergeschachtelt oder auch übereinandergeschichtet. Als Ganzes gesehen erreichte zwar der musikalische Satz und somit der Vortrag des Textes eine Geschmeidigkeit, die an den Choral erinnerte. Verglichen etwa mit der Messe von Machaut fließt eine Messe von

Ockeghem ruhiger, gleichmäßiger. Der Text wird aber noch nicht in seinem besonderen Aufbau, bis in seine Einzelheiten hinein erfaßt. Seine Vertonung im einzelnen hat etwas Zufälliges. Daher wird er auch in den Handschriften nicht genau den einzelnen Noten unterlegt. Wenn manchmal die Musik etwas von dem Vorstellungsgehalt der Sprache spiegelt, verwendet sie tektonische Mittel, so z. B. bei dem *descendit de coelis* eine absteigende oder bei dem *Crucifixus* eine aufsteigende Bewegung in symbolischer Erinnerung an die Kreuzeserhebung.

Auch bei Obrecht stehen die tektonisch-musikalischen Probleme im Vordergrund. Er verwendet gern Mittel, die an eine instrumentale Bauweise denken lassen. So z. B. wird in einem Sanctus die Baßformel 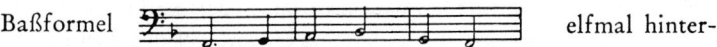 elfmal hintereinander wiederholt. Auch Wiederholungen auf verschiedenen Stufen, sog. Sequenzen, werden gern angewandt. Obrecht erreicht damit breite Klangwirkungen, indem er mit solchen Mitteln stehende Klänge aufspaltet und durch scheinbare Bewegung ausfüllt. Was im Mittelalter der Improvisation überlassen wurde (s. S. 22 und S. 27), ist hier Sache der ausgearbeiteten Komposition, der 'res facta', geworden.

Auch Josquin Desprez bedient sich ähnlicher Mittel. Bei ihm findet sich aber auch eine besondere Kompositionsweise völlig ausgebildet: die Durchimitation. Die Imitation, der sukzessive Eintritt der Stimmen mit derselben melodischen Wendung, wurde auf verschiedenste Weise gehandhabt: als tektonischer Unterbau für einen Teil des Stimmenkomplexes; melodisch-sinnfällig; mit Verwendung des cantus-firmus-Materials; ohne cantus firmus; in verschiedenen Intervallen (z. B. im Einklang, in der Quint, Quart, Sekund). Bei Josquin ist die *Durchimitation* vorherrschend: Innerhalb eines Satzes beginnen die aufeinanderfolgenden einzelnen Textabschnitte jeweils mit einer neuen Imitation, die in allen Stimmen durchgeführt wird (vgl. Beispiel S. 54).

Die Durchimitation bewirkte eine Glättung der Stimmführung und ein Verschmelzen der Stimmen untereinander. Darüber hinaus wurde sie aber von größter Bedeutung für die musikalische Sprachvertonung: Durch die Wiederholung derselben Anfangswendung samt den sie tragenden Worten in allen Stimmen wurde die Aufmerksamkeit auf das Wort als Sprache, als Erklingen, als sprach-rhythmische Struktur gelenkt. Es entstanden Imitationen als geradezu wortgezeugte Wendungen. Der Begriff des musikalischen *Themas* wurde erst durch die Imitation ermöglicht. Er ist — dieses Zeichen seiner Geburt sollte man nicht übersehen — mit dem Einprägen eines Sprachgebildes verknüpft. Die Durchimitation ließ eine Mehrtextigkeit nicht mehr zu, da alle Stimmen denselben Text bringen mußten. (Noch 1451 schrieb Dufay mehrtextige Motetten!) Das bedeutete auch eine weitere Vereinheitlichung in satztechnischer Hinsicht: Die einzelnen Stimmen wurden individuell durchgeführt, wiesen aber doch dieselbe Substanz auf, und zwar musikalisch und sprachlich. Die Durchimitation förderte aber auch die sprachlich sinngemäße musikalische Gliederung, da die einzelnen Abschnitte jeweils mit einer neuen Imitation begannen. Sie ist endlich mit einer folgenschweren Wandlung des musikalischen Satzes eng verknüpft: mit der Einbürgerung der A-cappella-Ausführung. Während bis dahin die Frage der Besetzung nicht durch die Komposition ausdrücklich bestimmt wurde (vgl. S. 28), wird jetzt das musikalische Werk, dem Sprache zugrunde liegt, immer mehr als rein vokal ausgeführt gedacht. Es liegt nahe, alle Stimmen gleich, und zwar vokal besetzt zu denken, da sie alle von derselben sprachlichen und musikalischen Substanz getragen werden.

Die Durchimitation und das A-cappella-Ideal sind wesentliche Merkmale des Satzes von Palestrina.

6. Palestrina

Mit Palestrina (1525—1594) geht der zweite Abschnitt der Messenvertonung zu Ende (s. S. 8); es ist der Abschnitt, der mit der karolingischen Zeit begonnen hatte. Palestrina ist aber auch ein Anfang. Er hat das erfüllt, was bis dahin noch eine offene Forderung war, und hat dadurch das geschichtliche Werden der Musik in neue Bahnen gelenkt. — Mit diesen zwei Fragen wollen wir uns in diesem Kapitel befassen: Palestrina als Abschluß und Palestrina als Anfang. Wir wollen sie von den folgenden uns bereits geläufigen drei Gesichtspunkten aus betrachten: musikalische Gegebenheit, Verhältnis zur Sprache, liturgische Situation.

Auf südlichem Boden entstand im ersten Jahrtausend der einstimmige gregorianische Choral. Er war mit der Sprache und somit der Liturgie eng verknüpft. Auf nördlich-germanischem Boden ging man in der karolingischen Zeit von einer selbständigen Zusammenklangsmusik aus, die unabhängig von der liturgischen Sprache existierte. Durch die Berührung mit dem Christentum, d. h. mit dem christlichen Wort, entdeckte man die Eigenbedeutung der Musik, die Sinnhaftigkeit der musikalischen Klänge. Man machte die Erfahrung, daß sie die Sprache durchsetzen konnten. Der Prozeß der 'Musikalisierung' der Sprache und der 'Versprachlichung' der Musik begann. Das erste Ergebnis war — von der Sprache her gesehen — ein negatives: Die Sprache wurde von der Musik erobert, sie wurde durch die Musik aufgelöst: Jede Silbe hatte man mit einem Zusammenklang beschwert. Das Satzganze war in einzelne Silben auseinandergebrochen. Damit war aber auch etwas Positives verbunden: Man erfaßte die einzelne Silbe als Element, und zwar sowohl musikalisch als auch sprachlich. Es galt nun, die Silben neu aneinanderzufügen und den Sprachzusammenhang aus der *Musik* neu zu schaffen (s. S. 24 f.). Dieser Prozeß vollzog sich in mehreren Stadien, fand aber erst nach sieben Jahrhunderten stetigen Werdens auf südlichem Boden seinen Abschluß in der Musik Palestrinas. Durch die italienische Geisteshaltung wurde die musikalisch-tektonische Bauweise des Nordens in den Dienst der Sprache als Struktur, als natürlich sinngebende Sprachgestalt (s. S. 11 f.) gestellt.

Vergegenwärtigen wir uns die wichtigsten Marksteine auf diesem Wege: Zuerst verwirklichte man musikalisch die metrische Wucht der Sprache. Man ordnete die Silben nach strengeren oder freieren metrischen Ordnungen, so wie wir es z. B. auch in den beiden vollständigen Messen des 14. Jahrhunderts feststellten. In England hingegen ging man in der Zeit um und nach 1400 nicht von einer solchen musikalisch-konstruktiven Arbeitsweise aus, sondern war bemüht, mit schlichten musikalischen Mitteln den sprachlichen Fluß zu wahren. Doch die inner-musikalischen Gegebenheiten, die die restlose Bewältigung dieser Aufgabe voraussetzt, waren noch nicht erfüllt. In der Folgezeit nahm man die musikalisch-konstruktive Arbeitsweise auf dem Kontinent wieder auf. Die jetzt aus dem Nord-Osten Frankreichs das übrige Europa überflutenden Komponisten setzten sich mit dem Tonmaterial intensiv auseinander.

An Stelle einer musikalisch-technischen Analyse (einiges über die Satztechnik von Palestrina bis zu den Klassikern wird man im Kapitel 12, S. 102 ff. finden) begnüge ich mich mit einer mehr bildlichen Umschreibung: Die Musik war in der Zeit vor Palestrina nicht in ihre letzten Bestandteile auseinandergelegt. Sie war wie ein Knäuel von zusammenklingenden Tönen, von Umspielungen, von melodischen Wendungen, von rhythmischen Formeln. Die Musiker der 120 Jahre vor Palestrina begannen den Knäuel zu entwirren. Dieser Prozeß wurde durch Orlando di Lasso und Palestrina vollendet; der musikalische Satz wurde bis in seine Elemente zergliedert. Man war Herr über den Ton als rhythmisches, melodisches und zusammenklingendes Element geworden; man hatte ihn gemeistert. Früher waren die einzelnen Töne aus dem erklingenden Ganzen nicht loslösbar. (Man denke an die Klangumspielungen des frühen und hohen Mittelalters — s. S. 27.) Jetzt kann man mit dem *einzelnen* Ton operieren; der Komponist kann ihn frei in *den* Zusammenhang stellen, den er haben will. Das Tonmaterial wurde zum ersten Mal dem menschlichen Willen restlos untergeordnet. Damit verschwand aber jener Zug der früheren Musik, der als konstruktiv auffiel. Denn jetzt hat man das Gefühl, daß die Töne rhythmisch, melodisch und klanglich völlig im Sinne des Natürlichen zusammengestellt werden. Als natürlich wird aber diese Ordnung aufgefaßt, weil das Geistige, d. h. das Unnatürliche sich der Materie restlos bemächtigen konnte. Der menschliche Geist hat sich ein Instrument geschmiedet, das erlaubt, einen *geistigen* Spiegel dessen, was man gemeinhin als 'natürlich' bezeichnet, zu schaffen.

Von hier aus wird uns das neue Verhältnis zur Sprache verständlich: Jetzt ist die Musik imstande, den sprachlichen Satzzusammenhang mit eigenen Mitteln als eine musikalische Wirklichkeit widerzuspiegeln. Palestrina kann die Töne so zusammenstellen, so ordnen, so in Bewegung setzen, daß sich immanent musikalischer Ablauf und gesprochener Satz restlos decken.

Zwei Beispiele aus der Marcellus-Messe Palestrinas mögen dies verdeutlichen: Das Et incarnatus und das Descendit, beide aus dem Credo.

Das Et incarnatus (s. Beispiel S. 73) besteht aus zwei Sätzen, die
aneinandergereiht sind: *Et incarnatus est de Spiritu Sancto ex Maria
Virgine*, 'Er hat Fleisch angenommen durch den heiligen Geist aus
Maria, der Jungfrau', und *et homo factus est*, 'und ist Mensch geworden'. Das *Et incarnatus est* und das *et homo factus est* entsprechen sich, es entsteht eine Art sprachlicher Reim. In der Musik
kommt dies zur Geltung: *Et incarnatus est, Et homo factus est.*
Es besteht aber auch ein Unterschied: das *Et incarnatus est* bildet
nicht einen Satz für sich, sondern leitet das *de Spiritu Sancto ex
Maria Virgine* ein, während das *et homo factus est* eine abschließende Aussage ist, die für sich dasteht. Auch dies kommt in der
Musik zur Geltung: *natus est, fa - ctus est.* Und im Zusammenhang:

*Et in - car - na - tus est de Spi - ri - tu Sanc - to ex Ma - ri - a
vir - gi - ne Et - ho - mo fa - ctus est.*

Als zweites Beispiel betrachten wir das der soeben besprochenen
Stelle vorausgehende *descendit de coelis* ('er stieg vom Himmel
herab').

Dieser kurze Satz wird zweimal hintereinander gebracht. Das ist aber keine überflüssige Wiederholung: Jedesmal wird ein anderer Aspekt erfaßt. Das erste Mal steht das Zeitwort im Blickpunkt: es wird rhythmisiert: *des - cen - dit de coe - lis.* Auch in den anderen Stimmen herrscht eine gewisse rhythmische Aktivität, die mit der verbal-aktivischen Vorstellung zusammenhängt. Das zweite Mal hingegen steht bei der Wiedergabe der Oberstimme das Statische des Vorstellungshintergrunds im Blickpunkt, das umhüllende *de coelis.* Es wird rhythmisiert: *des - cen - dit de coe - lis.* — Damit stimmt auch die klangliche Einkleidung überein: Bei der ersten Vertonung des Textes, in der die Vorstellung des *descendit* bestimmend ist, steigen die Stimmen stufenweise abwärts. Es entstehen dadurch Klänge, die sich jedesmal eine Stufe tiefer wiederholen. Es bildet sich ein *Gang* von Terz-Sext-Klängen, der von einem höher gelegenen Klangzentrum zu einem tieferen hinführt (s. S. 37). Das zweite Mal aber hören wir einen kadenzähnlichen Ablauf, der nur *ein* Klangzentrum umschreibt. Wir sehen also: auf der Stufe, auf der wir uns mit Palestrina befinden, wird die Sprache als Satzablauf, als Satzbau musikalisch erfaßt. Das ist aber nicht von dem Erfassen auch einer gewissen Seite des Vorstellungsgehalts zu trennen. Deswegen sollte man auch in der abwärtssteigenden Bewegung der Klänge nicht eine bloße Äußerlichkeit erblicken, sondern vielmehr eine für die Musik Palestrinas charakteristische Betrachtungsweise des Vorstellungsgehalts der Sprache.

Aus diesen kurzen Beispielen möge man entnehmen, von welcher Seite her sich die Musik Palestrinas mit der Sprache auseinandersetzt. Was die liturgisch erklingende Musik des ersten Jahrtausends von Hause aus war, hat sich jetzt die mehrstimmige Musik neu erarbeitet: sie ist wieder freie Sprachgeste, sprachlich sinnhaft überzeugender Satzzusammenhang. Den Hintergrund dieses Geschehens bildete die historische Auseinandersetzung der nachkarolingischen Zeit mit dem gegebenen ersten Christentum, des Nordens mit dem Süden, der Musik mit der Sprache, kurz: Den Hintergrund bildete das geistige Werden vom Mittelalter bis zur Gegenreformation.

Denn dieser Wandel der musikalischen Sprache deckte sich mit der Veränderung der religiösen Situation. Die Reformation hatte die religiösen Fragen in den Mittelpunkt des Bewußtseins gerückt. Die Frage nach der liturgischen Funktion der Musik wurde aktuell. Wie sie innerhalb des Gebiets der Reformation und der deutschen Sprache gelöst wurde, wird uns später beschäftigen. Was dort geschah, bildete einen neuen musikalischen Ausgangspunkt, eine Basis für die Entstehung der großen deutschen Musik, der Musik Bachs und der Wiener Klassiker. In diesem aber und dem nächsten Kapitel wollen wir auf italienischem Boden bleiben. Hier fand in der Zeit der Gegenreformation das Tridentinische Konzil (1545—1563) statt, das sich auch mit der liturgisch-musikalischen Frage befaßte. Die Kirche verlangte von der Musik die Achtung des liturgischen Wortes. Wichtiger aber als diese allzuoft wiederholte Feststellung ist Folgendes: Der vorläufige Abschluß im Werden der Musiksprache, der durch die Tat Palestrinas erreicht wurde, fällt mit dem Abschluß des *liturgischen* Werdens der Messe zusammen. In der vorausgegangenen Zeit, etwa im 15. Jahrhundert, bestand in liturgischer Hinsicht eine gewisse Verwilderung. Die Messe wurde nicht nur als Inhalt mißbraucht — man denke an die Vorwürfe Luthers; auch der Text wurde verdorben: Es gab lokale Abweichungen, abergläubische Zusätze oder Gebräuche und dergleichen. In der Zeit des Tridentinischen Konzils war daher die musikalische Frage lediglich *eine* der Auswirkungen der liturgischen Neugestaltung der Messe. Denn jetzt erreichte das liturgische Werden der Messe seinen Abschluß durch die Entstehung des endgültigen *Einheits-Missale,* des Missale Pius' V. um 1570. Die Errichtung dieses gewaltigen Staudamms nach 1500 Jahren Werdens fällt zusammen mit dem Werk Palestrinas. —

Palestrina ist aber nicht nur ein Abschluß. Er ist, wie erwähnt, zugleich ein Anfang geworden. Mit ihm trat die Musik in ein neues Stadium ein. Der Geist hat die musikalische Materie völlig durchtränkt, hat den einzelnen Ton erfaßt. Die Musik konnte der Spiegel der Sprache werden, konnte den Menschen als sprechendes Wesen verwirklichen. Die Synthese von Ornament (oder Konstruktion) und Menschendarstellung war zustandegekommen. So beginnt mit Palestrina eine neue Ära in der Geschichte der Musik: Musik als Menschendarstellung.

Aber die Lösung Palestrinas stellt nur *eine* Möglichkeit dar. Das unerschöpfliche Vorbild der Sprache, des Menschen als sprechenden

Wesens, kann von verschiedenen Seiten her erfaßt werden. *Wie* sich die Musik seit Palestrina damit auseinandersetzte, was sie jeweils im Wort, im Menschen als Wesentliches erblickte und welche Seite sie spiegeln konnte, das ist die Fragestellung, die uns von jetzt ab leiten soll. Das Beispiel des „descendit" aus dem Credo zeigte schon, daß Palestrinas Musik zwar die Sprache verwirklicht, gleichzeitig aber sie nur von einer bestimmten Seite her spiegelt. Der Satzbau wird hier eingefangen und das Objektive des Vorstellungsgehalts beleuchtet. Die Musik wirkt hier wie ein Naturvorgang. Aber die Wärme, das Innerliche, das Geheimnis der Menschwerdung sind noch nicht Musik geworden, ebensowenig das Moment des sich neu Ereignenden, des Einmaligen, des Geschichtlichen. Das sind Aspekte, die erst die spätere Musik erfaßt hat und die uns daher in den nächsten Kapiteln beschäftigen werden. (Vgl. dazu das Kapitel 'Stufen musikalischer Wirklichkeit'.)

7. Monteverdi

Monteverdi (1567—1643) war kein Messen-Komponist wie Palestrina. Sein Gebiet war die weltliche Musik: die Oper und das Madrigal. Er hat nicht viel Kirchenmusik geschrieben. Aus seinen drei erhaltenen Messen ist die Messe 'In illo tempore' die größte[1]. Er hat sie im Jahre 1610 komponiert, noch bevor er Mantua verließ und nach Venedig übersiedelte. Sie wurde für den Papst Paul V. aus der Familie Borghese geschrieben, der die Ideale der Gegenreformation durchzuführen suchte. Mit diesem Werk schuf Monteverdis überragende Persönlichkeit eine nicht zu überhörende musikalische Deutung der Messe. Monteverdi bildet einen Markstein im Werden der abendländischen Musiksprache. Wie durch seine weltliche Musik, so hat er auch durch diese Messenvertonung zur Entstehung jener musikalischen Situation beigetragen, die dann in der nächsten Generation die Übernahme der Führung durch die deutsche Musik bewirkte. Seine Messe beansprucht nicht nur innerhalb seines Schaffens eine Ausnahmestellung. Sie ist auch die einzige große Messe von hohem Rang, die nach Palestrina auf italienischem Boden entstanden ist, die einzige, die noch eng mit einer bestimmten kirchlich-liturgischen Haltung verknüpft ist — eine Messe der Ge-

---

[1] Herausgegeben von F. Malipiero, Monteverdi-Gesamtausg., Bd. XIV, Bologna 1932, S. 57 ff.

genreformation, ja vielleicht *die* Messe der Gegenreformation. Was später auf deutschem Boden entstand, Werke wie Bachs und Beethovens große Messen, hat, wie wir später sehen werden, eine andere musikalische Herkunft, einen anderen Sinn. Dazwischen liegt die Entdeckung des deutschen Wortes durch Luther und, in der Musik, durch Schütz.

Wir sahen, daß man für die Komposition einer ganzen Messe einen einzigen cantus firmus verwenden konnte (s. S. 39 ff.). Da aber das Wort allmählich wieder als etwas Lebendiges musikalisch verstanden wurde, war man bemüht, in jeder einzelnen Stimme mit gleicher Selbständigkeit zu deklamieren. Die Durchimitation (s. S. 42 f.) wurde bestimmend. Der musikalische Satz Palestrinas beruht ebenfalls darauf, und wie alle Komponisten jener Zeit verwendet sie auch Monteverdi, wenngleich nicht so konsequent wie Palestrina. Das Prinzip der durchgehenden Imitation vertrug sich aber nicht gut mit der starren Durchführung eines cantus firmus in langen Notenwerten. Um jedoch die Bindung mit einer gegebenen Musik nicht aufzugeben, wendete man ein anderes Verfahren an: Anstatt eines einstimmigen cantus firmus legte man der Messe eine ganze mehrstimmige Komposition, z. B. eine Motette, zugrunde. Die einzelnen Abschnitte jedes Messensatzes begannen wie die Abschnitte der zugrundeliegenden Komposition; sie wurden aber frei fortgeführt. Solche Messen nannte man Parodie-Messen. So schrieb auch Palestrina. Auch die Messe Monteverdis lehnt sich an eine Motette an, die Motette 'In illo tempore' des niederländischen Komponisten Gombert. Deswegen trägt sie auch den Titel: 'Missa in illo tempore'. Daß sich Monteverdi hierbei an einen Niederländer und nicht etwa an Palestrina anlehnt, ist wohl bezeichnend: Monteverdi, der große Neuerer, setzt, genau besehen, nicht Palestrina, den Vollender, fort. Was wäre da auch fortzusetzen? — Monteverdi knüpfte vielmehr an jene früheren musikalischen Gegebenheiten an, die auch Palestrina vorgefunden hatte. Man könnte sagen, er zog aus den gleichen Voraussetzungen andere Folgerungen als Palestrina.

Es wurde früher darauf hingewiesen, daß die Musik vor Palestrina wesentlich tektonisch gebaut war (s. S. 41). Diesen Zug, die mehr tektonische Bauweise, finden wir bei Monteverdi wieder. Man hört oft feste melodische und rhythmische Formeln, die sich in einer Stimme, z. B. auf verschiedenen Stufen, wiederholen. Solche Wendungen haben etwas Tektonisch-Instrumentales (s. S. 42 f.), das bei Monteverdi besonders in der Führung des Basses zur Geltung kommt. Damit wird aber etwas Neues verbunden: die Neigung, eine Einheit herzustellen, eine Einheit in der Abfolge der Zusammenklänge, ein ordnendes Prinzip, das sich besonders in den zusammenfassenden Schlüssen auswirkt. Man kann auch sagen: Es besteht die Neigung, die sich bildenden kleinen Einheiten einer jeweils übergeordneten Einheit unterzuordnen:

Die tektonische Bauweise wirkt sich aber auch in der Deutung der Sprache aus. Betrachten wir das Et incarnatus aus dem Credo (s. Beispiel S. 74), das uns auch in der Messe Palestrinas als Beispiel gedient hat: Diese Stelle wird von Monteverdi auf folgende Weise rhythmisiert:

Et incarnatus est de spiritu sancto

ex Maria Virgine et homo factus est.

Wie schlicht, wie menschlich wird dagegen derselbe Text von Palestrina deklamiert (s. Beispiel S. 73). Diese nur wenige Jahrzehnte vor Monteverdis Messe entstandene Musik versetzt uns doch in eine andere Welt. Jene selbstverständliche, blühende, freie Sprachgeste liegt schon weit zurück.

In Monteverdis Musik wird nicht wie bei Palestrina gesprochen. Das Wort überzeugt hier nicht, wie bei Palestrina, als frei gesprochenes Wort. Hier wird es uns mehr eingehämmert. Man vermeint, die starre, metrisch-wuchtige Vortragsweise des Mittelalters möchte wieder aufleben.

Und doch ist die Messe Monteverdis nicht als bloß rückwärts gewandt anzusprechen. Das gleichsam gehämmerte Dogma hängt wohl mit dem Geist der Gegenreformation und der Religionskriege zusammen. Aber auch wenn man davon absieht, erscheint diese Deutung der Sprache nicht nur altertümlich; sie ist nicht als ein Unvermögen zu verstehen. In ihr schwingt etwas Neues, das jetzt das Bewußtsein des Musikers erfüllt, das jetzt die Gemüter bewegt: Hier schimmert etwas von der *Bedeutsamkeit* des Vorganges, auf den die Worte hinweisen. Das äußert sich schon in der leicht subjektiven Färbung, in dem von Affekt oder auch von Pathos nicht freien Unterton. Das ist aber auch in jener Neigung, eine Einheit zu schaffen, spürbar (s. S. 51). Der jeweils gerade erklingende Satz wird einer höheren Einheit untergeordnet. In dieser Musik regt sich eine Kraft, die über den einzelnen Satz hinausführt. Es entsteht eine dynamische Spannung, ein Drang nach Zusammenfassung: Das *factus est* schließt nicht ab. Der Schlußklang hat etwas Offenes, erheischt eine Fortsetzung, eine Folgerung. Damit wird der Et-incarnatus-Satz einem höheren Ganzen untergeordnet, er wird auch kompositionstechnisch als Teil des gesamten Credo empfunden.

Es ist eigentümlich — aber nicht minder lehrreich —, daß dieses Neue, das jetzt die Gemüter bewegt, so innig mit dem Alten verknüpft ist, und zwar nicht mit dem soeben Vergangenen, nicht mit Palestrina, sondern mit dem noch weiter Zurückliegenden.

Diese neue Haltung dem Wort gegenüber bedeutet aber in liturgischer Hinsicht eine neue Freiheit: Man strebt mehr nach Verwirklichung des Bedeutungsgehalts, damit aber auch nach Verwirklichung des subjektiven Ausdrucks. Die Musik, die in ihrer stetigen Auseinandersetzung mit dem Wort als dem Urphänomen des Geistigen, groß geworden war, hatte jetzt die Reife erreicht, die ihr erlaubte, vom deutschen Wort her erneuert zu werden.

8. Die deutsche Sprache und die Musik

Um zu verstehen, wie die deutsche Sprache die Musik befruchten konnte, müssen wir das Deutsche dem Lateinischen gegenüberstellen. Wir sahen, daß durch den gregorianischen Gesang zwar der Bedeutungsgehalt nicht zur Geltung kommt, daß aber trotzdem die lateinische Sprache nicht unverständlich gemacht wird (s. S. 11). Die Einheit des Satzes, seine sinnvolle Zusammensetzung aus Satzgliedern, seine rhythmische Gliederung kommen zur Geltung. Der Bedeutungsgehalt der Sprache (etwa der Inhalt des 'miserere nobis' und des 'dona nobis pacem' — s. S. 12) wird jedoch nicht musikalisch erfaßt.

Daß die Musik der Sprachgebärde, der Sprachstruktur, gehorcht, daß sie aber nicht die Bedeutung erfaßt, beruht nicht auf Willkür, sondern weist auf ein Merkmal der lateinischen Sprache selbst hin. Im Lateinischen nämlich deckt sich das Sprechen nicht gänzlich mit der Bedeutung. Diese eigentümliche Tatsache wird oft übersehen. Man macht sich nicht genügend bewußt, daß sich Erklingen und Bedeutung in Sprachen wie dem Altgriechischen, dem Lateinischen und den romanischen Sprachen nicht notwendig decken. Im Griechischen kam dies durch das Walten der Quantität (s. S. 4 f.) noch viel krasser als im Lateinischen zur Geltung und war von größter Tragweite (s. S. 7, Anm. 1). Das fiel schon Klopstock auf, der den bedeutungsbedingten Charakter der deutschen Sprache entdeckte und sich mit Recht über die von ihm als mechanisch empfundene Sprachbehandlung im Griechischen entrüstete.

Aber auch das Lateinische verteilt seine Akzente nicht nach der Bedeutung. So kann ein und dasselbe Wort, je nach der Form, in der es gebracht wird, verschieden betont werden. Im Wort *adorare,* verehren, wandert der Akzent auf verschiedene Silben: *adoráre,* aber *adóro* (ich verehre); *adorátio* (Verehrung), aber Genitiv *adoratiónis.* Keine Silbe ist also beim Erklingen mit der Bedeutung so verhaftet, keine trägt so eindeutig die Last der Bedeutungs-Angabe, daß sie unlösbar mit der Betonung verbunden wäre. Was aber der Sprache recht ist, das ist der Musik billig. Warum sollte die Vertonung den Bedeutungsgehalt berücksichtigen, wenn schon die *gesprochene* Sprache dies nicht tut? Die Sprache selbst reicht ihr ja nicht die Hand dazu. Sie verteilt die Betonungen nicht im Hinblick auf die Bedeutung, sondern um die Satzstruktur zu verdeutlichen, um die Funktion des Worts im Satzzusammenhang zu kennzeichnen, so z. B. um zu zeigen, ob Nominativ oder Genitiv, ob Singular oder Plural gemeint ist. Es ist nur folgerichtig, wenn die gregorianische Musik bei der Vertonung der lateinischen Texte Ähnliches verfolgt und nur die Sprachstruktur verdeutlicht. Ebenso verständlich ist es, wenn Palestrina im folgenden Beispiel die erste Silbe von *adorate* dehnt, ohne Rücksicht darauf, daß sie nicht die Betonung trägt:

Anders verhält sich aber das Deutsche: Während im Lateinischen mit der Form die Betonung wechselt (*adoráre, adóro, adorátio, adorationis*), behält das Deutsche in allen Formen dieselbe Betonung: *veréhren, ich veréhre, veréhrte, wir veréhren, veréhrten, die Veréhrung, der Veréhrung* usw. Eine Kluft trennt diese Sprachhaltung von der lateinischen. Für den Menschen, der sich einer Sprache wie der deutschen bedient, eröffnet sich ein von Grund auf anderer Aspekt der Wirklichkeit. Hier deckt sich gesprochene

Sprache restlos mit der Bedeutung. Der Bedeutungsgehalt wird nicht allein durch die Satzstruktur auf Umwegen dargestellt, sondern verwirklicht sich unmittelbar im Erklingen. Jedes Wort verlangt gebieterisch, daß es mit seinem ihm eigenen, durch die Bedeutung bedingten Nachdruck erklingt. Denn hier ist die Betonung (und die mit ihr verbundene Längung) nichts anderes als der Nachdruck, der der bedeutungstragenden Silbe zukommt; und diese Silbe ist natürlich stets dieselbe in jedem einfachen Wort. Das führt aber auch zum Einswerden von Wort und Nachdruck, von Sprache und Ausdruck, von Vergegenständlichung und Ich, von Objektivität und Subjektivität. Die deutsche Sprache ist mit einer menschlichen Haltung verknüpft, bei der Gegenständliches nur durch das Medium des Innerlichen, äußere Welt nur durch die innere angeschaut werden kann. Was für eine Würde erlangt die Betonung dadurch, daß sie Träger der Bedeutung wird, daß sie eine gleichsam wortschaffende Macht erhält! Und wie tiefgreifend ändert dies die Aufgaben der Musik!

Dies leuchtet noch mehr ein, wenn man bedenkt, daß in einem deutschen Wort stets die erste Silbe (die oft die einzige ist) die Trägerin der Bedeutung und somit des Nachdrucks ist: *Brót, Wásser, Hímmel*. So muß jedes deutsche Wort in seiner einfachen Gestalt mit der betonten Silbe beginnen, es muß explosiv verwirklicht werden, aus dem Nichts jedes Mal entstehen: *Váter, Tód, Lében* [1]. Anders die Welt der Präfixe, der unbetonten Vorsilben. Sie weist auf ein Werden, auf ein Sichverändern oder auf etwas Gewordenes hin, sie bedeutet ein Zusammenraffen, Zusammenfassen u. dgl. Z. B. *verjüngt, gewórden, begréifen, herúnter*; ähnlich: *und ging, du blíckst*. Übertragen wir das aber auf Musik, so erhalten wir die zwei Urformen, Urmotive der neuzeitlichen musikalisch-rhythmischen Gestaltung: betont – unbetont ($'$ $°$) und unbetont – betont ($°$ $'$); z. B. *Lében, verjüngt*. In der Musik nennen wir das erste einen Abtakt, das zweite einen Auftakt. Diese zwei rhythmischen Elemente erhalten eine neue Würde, sie werden mit Bedeutung erfüllt. Von hier aus wird der musikalische Satz neu gestaltet, er erhält einen neuen Sinn.

[1] 'lebendig' bildet eine bemerkenswerte, übrigens sprachgeschichtlich erklärbare Ausnahme (vgl. Kluge/Götze, Etymolog. Wörterbuch unter 'lebendig').

Einige Beispiele mögen die Verwandtschaft von sprachlicher und musikalischer Haltung erhellen:

Ein Beispiel aus vertonter Sprache: Bei Schütz finden sich Wendungen wie: ♩ ○ ♩ ○ (aus der Matthäuspassion von Schütz; auszuführen: | ♪ ♪𝄾 ♪ | ♪𝄾). Diese sprachbedingte Gewichtsverteilung, diese Verbindung von Abtakt und Auftakt wird hier bedeutungsvoll, dieser Rhythmus ist jetzt verpflichtend. Ja, solche Rhythmen sprechen so eindringlich, daß sie anfangen, ein Eigenleben zu führen und dadurch auch die rein instrumentale Musik zu befruchten.

So dürfen wir das zweite Beispiel rein instrumental konzipierter Musik späterer Zeit entnehmen. Ein Thema wie das der dritten Leonoren-Ouverture Beethovens: [Notenbeispiel] setzt die geistigen Erfahrungen, wie sie sich in der deutschen Sprache äußern, voraus. Der Abtakt und der Auftakt haben hier etwas ausdrücklich Gewichtiges; sie sind mit Sinn geladen.

Aber dieselben Kräfte sind auch in unvertonter, reiner Dichtung wirksam. So sollte man einmal die Verwendung von Abtakt und Auftakt besonders im Werk Hölderlins verfolgen.[1] Man könnte mit einfachen Zusammenstellungen beginnen, wie:

Alter Vater! Du blickst, (Das Ahnenbild)

Ein Beispiel aus dem 'Archipelagus': Nachdem der kühn unternehmende, viel wagende Kaufmann geschildert wurde, soll etwas damit Unvergleichbares angesprochen werden, der sich besinnende Jüngling. Die hier nötige gewaltige Umlenkung wird durch den Schlüsselstellung einnehmenden Einschub Anders bewegt herbeigeführt:

(..., und öfters über des kühnen
Herkules Säulen hinaus, zu neuen seligen Inseln
Tragen die Hoffnungen ihn und des Schiffes Flügel, indessen) –
Anders bewegt – (am Gestade der Stadt ein einsamer Jüngling
Weilt und die Woge belauscht und Großes ahndet der Ernste
...)

---

[1] Vgl. auch Georgiades, Schubert, Göttingen 1967, S. 183 ff.

Durch das bedeutungsbedingte, bei sinnvollem Vortragen unüber-
hörbare Aufeinanderstoßen von Abtakt und Auftakt wird der
Bedeutungsgehalt 'anders bewegt' ein mit Händen greifbarer Körper.

Ein weiteres Beispiel:

(... wo des göttlichen Geistes
Freude die Alternden all,) *alle die Toten verjüngt.*

(Die Entschlafenen)

Auf die abtaktige Wendung *alle die Toten* ein Innehalten, und
darauf unvermittelt, aus dem Nichts hervorspringend, das auftaktige *verjüngt,* das den abtaktigen Rhythmus umwirft, gleichsam der Geist, der dies Wunder vollzieht, die Toten zu verjüngen.
— Doch sei auch eine größere rhythmische Zusammenstellung angeführt:

(Und entbrannter beginnt's; wie Paare ringender Männer,
Fassen die Schiffe sich an, in die Woge taumelt das Steuer,)
Unter den Streitern bricht der Boden, und Schiffer und Schiff sinkt.

| (5 Silben) | (4 Silben) | (3 Silben) | (2 Silben) | (1 Silbe) |

(Der Archipelagus)

Der Boden schwankt, nicht *ein* Mal kehrt dieselbe metrische Wendung wieder, der Rhythmus taumelt zwischen Abtakt und Auftakt,
mit jedem Glied bricht eine Silbe ab, bis auch die letzte — sinkt:

Unter den Streitern
bricht der Boden
und Schiffer
und Schiff
sinkt.

So ist im Deutschen die Betonung nicht nur für sich genommen
bedeutungsbedingt, sondern darüberhinaus wird auch die rhythmische Satzstruktur, der rhythmische Zusammenhang von der Bedeutung her bestimmt. Die souveräne Freiheit des Menschen als
sprechenden Wesens wird neu entdeckt, eine neue Sicht wird eröffnet.
Der sprachliche Sinnträger legt das Ornamentale völlig ab und
wird restlos 'versprachlicht', indem er der Bedeutung unterworfen
wird. Jetzt kann auch die Musik, die dieser Geisteshaltung ent-
springt, ihr Ziel, die Menschendarstellung adäquater verwirklichen

(s. S. 30). So ist das angeführte Beethoven-Thema nicht wie eine
rhythmische Floskel im Sinne der älteren Musik zu verstehen. Der
Abtakt und der Auftakt, die hier aufeinanderprallen, sind Sinn-
wirklichkeiten, die etwas von der Würde des bedeutungsbedingten
Nachdrucks haben. In ihrer eigenen Ebene sind sie unvereinbar.
Es bildet sich kein Übergang. Sie werden wie durch eine ihnen
übergeordnete Macht zusammengehalten und erzeugen dadurch ein
Drittes, sie bewirken eine Sinnintegration.

Als letztes sei noch ein Beispiel aus Instrumentalmusik erwähnt,
in dem der Zusammenhang mit dem deutschen Wort vom Komponisten selbst bezeugt wird. Der Schlußsatz des letzten Beet-
hoven-Quartetts op. 135, F-Dur, beruht auf der getrennten Auf-
stellung und folgenden Verbindung des abtaktigen und des auf-
taktigen Gedankens:

Muß es sein?   *Es muß sein!*

Die Würde, die die Betonung innerhalb der deutschen Sprache
als bedeutungsbedingter Nachdruck hat, verbindet sich mit einer
Aufsaugekraft, die die betonte Wurzelsilbe entwickelt: Wenn ich
Himmel oder *Vater* sage, so ist jeweils die erste Silbe nicht nur betonter als die zweite, etwa so wie in den lateinischen Wörtern
coelum oder *pater*. Im Lateinischen werden die zwei Silben nebeneinandergestellt, die rhythmische Geste besteht aus zwei Bewe-
gungen: *coe-lum;* sie ist klar gegliedert. In den deutschen Wörtern
hingegen hat die Wurzelsilbe eine solche Macht, daß die zweite
Silbe ihr nicht nebengeordnet sondern *unter*geordnet wird. Hier
besteht die rhythmische Geste aus *einer* Bewegung, aus einem explo-
siven Ansatz, der einen abklingenden Schluß erhält: *Himmel, Vater*.
(Lehrreich ist auch der Wandel der Silbendauer in folgendem Beispiel: griechisch πατηρ kurz-lang, lat. *pater*, kurz-kurz, deutsch
Vater, mit bedeutungsbedingter Längung der Wurzelsilbe und völ-
liger Unterordnung der Endsilbe.) Diese Eigenschaft der deutschen
Sprache unterstreicht noch mehr die Würde der betonten Silbe. In
der Musik finden wir sie in Gestalt einer neuartigen Metrik wieder:
Ähnlich wie in der Sprache entwickelt jetzt die Betonung auch in
der Musik eine Aufsaugekraft. Der Ton mit dem größeren Gewicht

beherrscht die anderen; er wird ihnen *über*geordnet. So kann ein dynamisches Spannungsnetz entstehen, die Neigung zur Bildung von jeweils einander übergeordneten Einheiten — ein Vorgang, dem schon Monteverdi von musikalischer Seite her die Wege geebnet hatte (s. S. 52).

Da sich nun in der deutschen Sprache Bedeutung und Erklingen, Bedeutung und Sprechen restlos decken, kann auch das musikalische Erklingen der Sprache nicht anders als auf die Bedeutung eingehen. Die Musik kann hier nicht bloßer Träger der Sprache sein wie im Lateinischen.

Dies gilt am strengsten für die Vertonung von Prosa. Das Lied bietet hingegen einen gewissen Ausweg. Denn hier werden Verse vertont. Die Betonung wird daher schon durch das Metrum berücksichtigt. Darüber hinaus ist aber nicht unbedingt nötig, daß auf die Bedeutung eingegangen wird, da es sich doch um 'Lied', um in sich geschlossene Musik handelt. Wenn daher die kirchliche Gemeinde deutsche liturgische Texte vortragen soll, liegt es nah, daß man Lieder verwendet. Denn die musikalische Deutung deutscher Prosa setzt die Persönlichkeit voraus, die sich bewußt mit dem Sinngehalt musikalisch auseinandersetzt. Eine solche Musik ist aber keine im engeren Sinn liturgische Musik.

So bleiben für das Erklingen der deutschen Sprache in der Liturgie nur zwei Möglichkeiten: das gesungene Lied und die gesprochene Prosa. Das sind auch die einzigen, die sich in der evangelischen Kirche durchgesetzt haben. Als dritte Möglichkeit könnte man nur das in der katholischen Kirche übliche Litanei- oder Rosenkranzbeten ansehen: das gemeinsame Sprechen der Gemeinde im Wechselchor, bei dem sich je ein liegenbleibender Klang von selbst einstellt. Hier sieht man nicht nur von der Bedeutung, sondern überhaupt von der Beschaffenheit einer gegebenen Sprache ab. Es ist ein einheitlicher Klangstrom, in den das Sprechen eingebettet wird, der das Sprechen umhüllt. Aber diese Art des Spracherklingens steht, genau besehen, jenseits der historischen Auseinandersetzung von Musik und Sprache.

Für die Einführung des deutschen Lieds in den Gottesdienst sprach aber auch die historische Gegebenheit. Denn durch das Lied fand die deutsche Sprache schon früher, im Mittelalter, Eingang in die Liturgie (s. S. 15). So in der Form der 'Kyrioleise', der geistlichen Volkslieder, die das 'Kyrioleis' — also das 'Kyrie eleison' — als Kehrvers verwendeten — eine Erscheinung, die uns an die Tropen erinnert. Oder man denke auch z. B. an das 'Christ ist erstanden'. Es war daher sachlich und historisch tief begründet, daß Luther, der die deutsche Sprache neu entdeckte, auch das deutsche Lied einführte. Die Melodien konnten sich zwar manchmal an die gregorianischen Melodien anlehnen, sie wurden aber verwandelt, sie erschienen aus dem Geist der Sprache neu geboren. Als Beispiel sei das deutsche Sanctus aus der Deutschen Messe Luthers, 1526[1], angeführt. Der deutsche Text steht in Versen. Die Melodie lehnt sich an ein gregorianisches Sanctus (das XVII. der Editio Vaticana) an, dessen Anfang lautet:

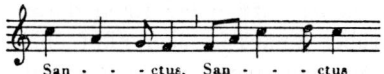

San - - - ctus, San - - - ctus

Bewunderungswürdig ist die schöpferische Tat der deutschen Umgestaltung:

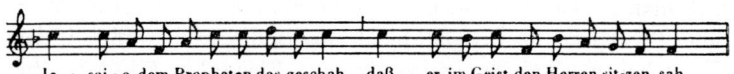

Je - sai - a dem Propheten das geschah, daß er im Geist den Herren sit-zen sah,

Nicht nur der rhythmische Habitus entstammt der deutschen Sprachhaltung, auch die Melodie weist jene Neigung zur Einheitsbildung, zur Zentrierung auf, die sich hier als Durcharakter äußert.

Luther übernimmt hingegen die Melodie genau, wenn seine Vorlagen aus Versen bestehen, die er übersetzt. Dies ist bei Hymnen und Sequenzen der Fall. Als Beispiel sei das 'Komm Gott Schöpfer' (der Hymnus 'Veni creator') genannt.

Die Einführung des deutschen Lieds bedeutete allerdings den Bruch mit der liturgischen Tradition der Messe. Denn der Vers — nicht nur der deutsche, sondern schon der lateinische – ist nie die eigentliche liturgische Sprache gewesen. Liturgisch gesehen bildet er eine sekundär eingeführte Sprachschicht (s. S. 15).

Luthers Ansicht über den Zusammenhang von gegebener Sprache und Vertonung mag durch die folgenden zwei Zitate beleuchtet werden: „Auf eine Zeit", erzählt Luthers Biograph Mathesius[2],

---

[1] Facsimile-Ausg. von Joh. Wolf, Kassel 1934.
[2] M. Joh. Mathesius, D. Martin Luthers Leben in 17 Predigten, herausgegeben von G. Buchwald, Leipzig 1887, S. 292.

„kommt er zu Eisenberg am Ostertag in die Kirchen, und als man da den Introitum deutsch sang in die lateinischen Noten, rümpfet er sich hart. Wie er heim zu Tische kommt, fragt ihn sein Wirth, was ihm gewesen wäre. 'Ich dacht', spricht er, 'es würde mich die k... P... ankommen über ihrem läppischen Gesang. Will man deutsch singen, so singe man gute deutsche Lieder; will man lateinisch singen, wies Schüler thun sollen, so behalte man die alten Choral und Text usw.' ". Und: 'Ich wolt heute gerne eyne deutsche Messe haben, Ich gehe auch damit umbe, Aber ich wolt ja gerne, das sie eyne rechte deutsche art hette, Denn das man den latinischen text verdolmetscht und latinischen don odder noten behellt, las ich geschehen, Aber es laut nicht ertig noch rechtschaffen. Es mus beyde text und notten, accent, weyse und geperde aus rechter mutter sprach und stymme komen, sonst ist alles eyn nachomen, wie die affen thun.' (Wider die himmlischen Propheten, 1525 [1].)

Aber die deutsche Sprachhaltung ist auch mit der religiösen Einstellung der Reformation innig verknüpft. Man kann bis zu einem gewissen Grad das Fallenlassen der Messe schon von der Einführung der deutschen Sprache her verstehen, selbst wenn man von den theologischen Reformationsgedanken absieht. Luthers Entdeckung der deutschen Sprache, seine Hochachtung des Wortes in einem besonderen Sinn und seine Geringschätzung der Messe als Handlung hängen eng miteinander zusammen. Das Wort als Erklingendes ist für ihn nichts Autonom-Gegenständliches, nichts Formelhaftes (im Sinn etwa von Zauberformeln), nicht als vollzogenes 'Werk' greifbar – was alles im lateinischen Wort als Abglanz der antiken Haltung mit enthalten ist. Das Wort ist für Luther nur gegenwärtiger Bedeutungsgehalt. 'Gegenwärtig' und 'Bedeutungsgehalt' weisen im Grunde auf Gleiches hin: Die Vorstellung des 'Gegenwärtigen' hebt das Anbeten des vergegenständlichten Wortes, des Wortes als hypostasierter Idee, als 'Form', die um ihrer selbst willen, als eigene Wesenheit da ist, auf; die Vorstellung aber des Worts als ausschließlichen Bedeutungsgehaltes impliziert ebenfalls das Aufheben des Vergegenständlichten und des Formelhaften. Das Gegenwärtige und das Bedeutungsbedingte sind aber die wesentlichen Merkmale der deutschen Sprache. Da-

---

[1] D. Martin Luthers Werke; Kritische Gesamtausg. 18. Bd., Weimar 1908, S. 123.

durch, daß Form und Bedeutung restlos zusammenfallen, daß das Wort als Erklingendes seinen Eigenwillen völlig eingebüßt hat und im Dienste der Bedeutung steht, erhält es einen Gegenwärtigkeits-Charakter katexochen: Es entsteht gleichsam erst durch das Er-klingen, aus dem Nichts, um mit dem Ausklingen wieder in das Nichts zu verfallen. Es ist wirklich, nur so lange es erklingt. (Man vergleiche auch Luthers theologische Vorliebe für das 'mündlich Wort' im Gegensatz zum toten, nicht gegenwärtig vollzogenen 'Text'. Vgl. auch das S. 54 f. über die Sprache Gesagte.)

So könnte man sagen: Das Bedeutungsbedingte, und damit das Gegenwärtige in der deutschen Sprache sind Kräfte, aus denen auch die Reformation schöpft. Luthers schöpferische Tat besteht nicht zuletzt darin, daß er sich dem Gebot des deutschen Wortes unterworfen hat. Er hat mit Hingabe in die deutsche Sprache hineingehorcht, sich ihren Willen diktieren lassen.

Dies kennzeichnet auch Schütz. Er hat Luthers Postulat, daß 'Text und Noten, Akzent, Weise und Gebärde aus rechter Mutter-sprache und Stimme kommen', als Einziger erfüllt. Er hat aber damit – was nur folgerichtig war — nicht eine liturgische, sondern eine persönliche Vertonung geschaffen.

9. Schütz

Man versteht, daß die Versuche des 16. Jahrhunderts zur Schaf-fung einer deutschen Liturgie im althergebrachten Sinn durch An-passung der lateinischen Gregorianik an die deutsche Prosa damals keine Fortsetzung fanden. Bei der Übernahme der gregorianischen Pater-noster-Melodie

Pa-ter no-ster, qui es in coe-lis:

geht die lateinische Sprachgeste *Pater noster / qui es in coelis* ver-loren: [1]

Va-ter un-ser, der Du bist im Himmel,

[1] Handbuch der deutschen evangelischen Kirchenmusik, 1. Bd., 1. Teil, Göttingen 1941, Nr. 349.

Aber auch im einzelnen wird die Melodie der deutschen Sprachhaltung nicht gerecht. Obwohl die deutschen Wörter *Vater, unser, Himmel* den lateinischen *pater, noster, coelis* in rhythmischer Hinsicht äußerlich entsprechen, werden sie in Wahrheit durch die Übernahme der gregorianischen Vortragsweise entstellt. Denn die gregorianische Vertonung rechnet mit der Nebenordnung der Silben, während die deutsche Sprache gebieterisch die *Unter*ordnung verlangt (s. S. 58 f.). Das deutsche Vaterunser wird, mit der lateinischen Melodie vorgetragen, unrechtmäßig bagatellisiert; besonders aber erhält der Vortrag des Wortes *Himmel* dadurch, daß -*mel* dem aufsaugenden *Him*- untergeordnet wird und durch die damit entstehende Vorhaltswirkung einen geradezu unerträglich sentimentalen Zug. Dem könnte man abhelfen, nur wenn man das deutsche *Himmel* mit lateinischer Haltung sänge, d. h. undeutsch spräche: . Durch die Wurzelbetonung des Deutschen rückt auch das unvermittelte Nebeneinanderstellen von bedeutungsvollen Betonungen in den Vordergrund: *Ehe der Hahn krähen wird* (Matthäuspassion). Dem kann die lateinische Vertonungsweise nicht gerecht werden:

deutsch:

Pri - us - quam gal - lus can - tet

E - he der han kre - hen wirt   (Joh. Walther, 1530)

Auch die bedeutungstragende Abschlußbetonung rückt in den Vordergrund, wie hier das *wirt* im Gegensatz zu *cantet* (vgl. auch z. B. *zukomme uns Dein Reich*, mit *adveniat regnum tuum*). Diese Züge verstärken die synthetisch-zusammenraffende Haltung des Deutschen, während das Lateinische dagegen analytisch-parataktisch wirkt. Man kann sich auch an das S. 54 erwähnte Beispiel *adorate*

---

[1] Herausgegeben von O. Kade, Die ältere Passionskomposition bis zum Jahre 1631, Gütersloh 1893.

Dominum erinnern, das durch Palestrinas analytisch-parataktischen musikalischen Satz adäquat zum Erklingen kommt und als strahlende Melodie blüht, während das deutsche *veréhrt den Hérrn,* oder *bétet den Hérrn án* eine Sprachhaltung aufweist, die eine völlig anders geartete Vertonung als die Palestrinas erheischt.

Das Zusammenfallen von Bedeutung und Erklingen erzeugt die Vorstellung, daß erst durch das Aussprechen das Wort geschaffen wird (s. auch S. 55), daß Aussprechen des Worts und Geschehen identisch sind. So drängen sich oft Geschehensvorstellungen auf. Wenn es im Lateinischen von Petrus heißt: *Et egressus foras* (Matthäuspassion), so wird der Vorgang mittelbar durch die syntaktische Konstruktion umschrieben, und uns allerdings genau begreiflich gemacht. Im Deutschen aber heißt es: *und ging hinaus* — und fort ist er! Die Geschehensvorstellung drängt sich von selbst auf. So kann auch die lateinische formelhafte Vertonung auf das Deutsche angewendet nicht überzeugen:

Schütz aber vertont:

Diese Musik redet deutsch. Sie ist aber keine liturgisch brauchbare Formel, sondern einmaliges Werk. Denn die Vertonung deutscher Prosa ist innig mit der schöpferischen Tat der persönlich verbindlichen Deutung verknüpft.

Als Luther in der Deutschen Messe und Walther in der Choralpassion die lateinischen Lektions- und Psalmtöne dem Deutschen anzupassen versuchten, bogen sie schon oft die lateinischen Formeln nach der Seite des Bedeutungsbedingten, wenn auch kaum bemerkbar, um. Aber eine Vertonung der deutschen Prosa verlangte eine Verwandlung der musikalischen Haltung von der Wurzel her. Diese Vertonung hat Heinrich Schütz geschaffen. Daß seine Musik nicht aus den musikalischen Zeitströmungen allein ableitbar ist, sondern eine Auseinandersetzung mit der Sprache darstellt, könnte man auch durch den Vergleich von Schützschen Vertonungen desselben Textes in lateinischer und deutscher Sprache beleuchten. (Lehrreich ist etwa der Vergleich von 'Paratum cor meum' mit 'Mein Herz ist bereit', Symphoniae Sacrae I und II.)

Schütz hat auch deutsche Messengesänge komponiert, die als eine zusammenhängende Messe angesehen werden können. Sie sind in den vierstimmigen 'Zwölf Geistlichen Gesängen'[1], erschienen 1657, enthalten. Wir wollen einige Stellen aus dem Glaubensbekenntnis betrachten. Es ist aber gut, wenn man sich zuvor die lateinische Vertonung und eine deutsche Anpassung vergegenwärtigt:

Daneben kann man auch die Walthersche Fassung stellen, die deutlich das Formelhafte nach der Seite des Bedeutungsbedingten umbiegt:

Der Anfang der Vertonung von Schütz lautet:

Doch wir wollen vom Melodisch-Klanglichen absehen und nur den Rhythmus betrachten, weil dadurch das Gemeinsame mit der Sprache deutlicher hervortritt. Der Beginn hat folgenden Rhythmus: *Ich glaube an einen einigen Gott.* Das langausgehaltene *Ich* wirkt wie ein Sammelpunkt. Und nun strömt der Satz: *glaube an einen einigen* Gott. Erst das Wort *Gott* wird wieder lang aus-

[1] Herausgegeben von Ph. Spitta, Schütz-Gesamtausg. Bd. 12, Leipzig 1892, S. 117 ff.
[2] Handbuch der deutschen evang. Kirchenmusik (s. Anm. S. 62) Nr. 63. Die Walthersche Fassung: Nr. 65.

gehalten. So steht dieser Satz am Anfang des Glaubensbekennt-
nisses gleich einer Überschrift, indem er durch die Gegenüberstellung *Ich* und *Gott* zusammengehalten wird. Diese Gegenüberstellung wäre im Lateinischen: *Credo in unum Deum* auch wegen des
Fehlens des Pronomens *Ich* undenkbar.

Im Deutschen finden wir statt des lateinischen *in unum Deum:* 'an

einen *einigen* Gott'. Wenn Schütz vertont hätte *einen einigen Gott,*
würden *einen* und *einigen* zu sehr einander gleichen. Durch die
Umkehrung aber des Rhythmus erhält das Wort *einigen* den

nötigen Nachdruck: *einigen.* Gleichzeitig wird auch das nötige

Innehalten vor *Gott* erreicht: *einigen · Gott.* Durch diese gering-
fügige rhythmische Differenzierung wird also mit einem Schlag der
Nachdruck auf *einigen* und auf *Gott* ermöglicht.

Es folgt: *allmächtigen Vater.* Die Vertonung des Wortes *allmächtigen* veranschaulicht die Aufsaugekraft der bedeutungstragenden Silbe *mäch-,* der die zwei folgenden untergeordnet werden;

und anschließend das lang ausgehaltene *Vater,* voll Innigkeit, Hingabe, voll Wärme.

Fahren wir fort:

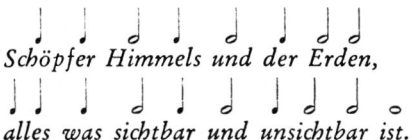

Schöpfer Himmels und der Erden,

alles was sichtbar und unsichtbar ist.

Der Nachdruck liegt nicht auf dem Wort *Schöpfer* für sich, sondern
in dem Gedanken, daß Gott Schöpfer des Alls ist, des Himmels *und*
der Erde:

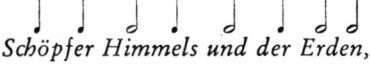

Schöpfer Himmels und der Erden,

Die zweite Zeile bringt eine Parallele, eine Steigerung des Gedankens: Gott ist Schöpfer des Himmels und der Erde, ja, von allem,

was sichtbar und unsichtbar ist; vom All schlechthin. Dem Gedankenparallelismus entspricht die Übernahme des gleichen Rhythmus:

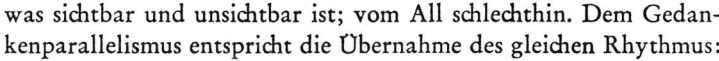

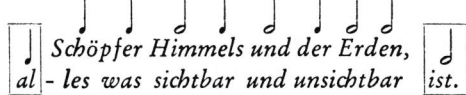

Der Intensivierung aber entspricht die Hinzufügung von je einem

Ton am Anfang und am Ende der zweiten Zeile. Statt *Schöpfer Him-:*

alles was sicht-; und statt: *der Erden: unsichtbar ist. — sichtbar*
und *unsichtbar* erhalten dadurch nicht denselben Rhythmus. Es
heißt nicht:

sichtbar und unsicht-bar ist

sondern:

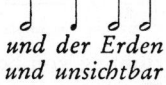

sichtbar und unsicht|bar| ist.

Dies wird durch die Entsprechung zu *und der Erden* bedingt:

und der Erden
und unsichtbar

Diese Vertonung entspricht aber auch der Prosahaltung: *sichtbar*
und *unsichtbar* werden nicht gedankenlos einander angeglichen. Es
entsteht nicht der leiernd symmetrische Rhythmus:

was sichtbar und unsichtbar ist.

Man wird gezwungen, den Sinn des Wortes *unsichtbar* gesondert
zu erfassen:

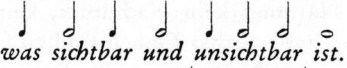

was sichtbar und unsichtbar ist.

Die Stelle:

welcher für uns Men - schen

und um un - ser Seligkeit wil - len

besteht aus zwei parallelen Gliedern. Das zweite Glied bringt eine Intensivierung des vorausgehenden, die durch das Ausnützen der Aufsaugekraft der Wurzelsilbe *Se-* zustande kommt: *Seligkeit.* Man vernimmt die Haltung der Predigt, das nachdrückliche Hinweisen, das eindringliche und daher auch affektvolle Sprechen, die mit Steigerung verbundene dynamische Vortragsweise. Wir finden weder das frei schwebende Erklingen des Wortes als Satzglied wie bei Palestrina, noch sein Einhämmern als Dogma wie bei Monteverdi, sondern hier herrscht das aktiv apostolische Überzeugen-Wollen. Die entsprechende Stelle aus der Marcellus-Messe von Palestrina lautet:

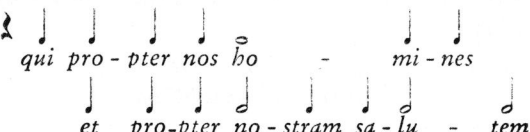

qui pro - pter nos ho - mi - nes
et pro - pter no - stram sa - lu - tem

(Es werden halbe Werte notiert, um den Vergleich mit Schütz zu erleichtern.)

Und mit Melodie:

Qui propter nos ho - - - - mi - nes et propter no - stram sa - - lu - tem

Der Rhythmus ist der Vertonung von Schütz ähnlich. Man könnte ihn sogar dem deutschen Text anpassen:

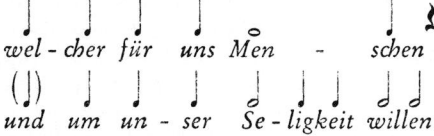

wel - cher für uns Men - schen
und um un - ser Se - ligkeit willen

Die äußere Ähnlichkeit erlaubt, die Unterschiede in der Haltung umso deutlicher zu erfassen. Bei Palestrina herrscht die parataktisch-analytische Haltung; kein Nachdruck, keine Intensivierung, keine Bildung von dynamischer Einheit sind zu finden; keine Aktivität, kein Affekt, keine Neigung zum Predigen werden bemerkbar. Diese Musik will nichts, als das Wort frei wie Natur erklingen lassen.

In *vom Himmel kom - men ist* liegt außer auf *Himmel* der Nachdruck nicht auf *kommen,* sondern auf *ist:* es ist, als ob Schütz die Aussage bekräftigen, das wahrhaftig Ereignete, das Perfektische, unterstreichen wollte: *kómmen ist*. Und zum Vergleich die analytisch-lockere Wortstellung des Lateinischen, die frei schwebende Vertonung Palestrinas: *de - scen - dit de coe - lis* (s. Beispiel S. 46).

Als letztes vergleichen wir das *(von der) Jung - frau - en Ma - ri - a* von Schütz (s. Beispiel S. 75) mit dem *(ex) María Vír - gine* von Palestrina. Im Deutschen stehen zwei die Bedeutung tragende, somit betonte Silben unvermittelt nebeneinander (s. S. 54 ff.): *Júng-fráu-*; dann folgen eine abtaktige und eine auftaktige Bildung: *-fráu - en* und *Má - ri - (a)*. Hier wirkt die Zäsur, die durch das unvermittelte Nebeneinanderstellen von Abtakt und Auftakt entsteht (s. auch S. 56), wie ein Doppelpunkt, wie ein Innehalten vor dem Nennen des Namens: *Júngfráuen: María*. Palestrinas Vertonung bietet eine damit unvergleichbare Situation. Die musikalischen Fragen, die bei Schütz auftauchten, sind hier unbekannt; sie haben keinen Sinn, nicht so sehr, weil verschiedene musikalische Satztechniken vorliegen, sondern vielmehr, weil *Jungfrauen* und *Virgine* verschieden geartete sprachliche Wirklichkeiten sind. Die menschlich-geistigen Haltungen, worauf sie beruhen, sind zutiefst verschieden.

Es sei noch hinzugefügt, daß bei Palestrina der gesamte Et-incarnatus-Abschnitt durch die liturgische Haltung des Knieens mitbestimmt wird, während bei Schütz die einmalig persönliche Interpretation des Wortes entscheidend ist.

In der katholischen Messe werden die Einsetzungsworte während der *Wandlung* vom Priester leise gesprochen. Sie bilden daher keinen Teil der musikalischen Messe, sie werden nicht vertont. Schütz aber, der für die evangelische Kirche schrieb, nahm sie in seine 'Zwölf Geistlichen Gesänge' auf. Die deutsche Sprache ermöglichte ihm dies. Er konnte das Gegenwärtige, die Bedeutung, auch das Innerlich-Warme, Strömende musikalisch verwirklichen.

Eine tiefgreifende Wandlung hat innerhalb weniger Jahrzehnte stattgefunden. Doch sie ist nicht aus dem Geiste einer Kontinuität im engeren Sinn zu verstehen. Nicht innerhalb derselben Gattung, der liturgisch-lateinischen Messe, hat sich die Musik gewandelt. Denn das 17. Jahrhundert war kein liturgisches Jahrhundert. Seine Tendenz und die überlieferte Liturgie waren verschiedene Welten[1]. Die liturgisch-katholische Musik der Messe bildete nicht mehr den Brennpunkt des Geschehens. Die kleineren Meister, die die Tradition der liturgisch-lateinischen Messe fortführten, stehen am Rande. Auch auf evangelischer Seite gab es keine liturgisch-musikalische Messe. Aber die Lebensmitte des menschlich-musikalischen Geschehens verlagerte sich durch das Einbrechen des deutschen Wortes von der liturgischen Messenvertonung des Lateinischen in die freie Komposition im Geist der deutschen Sprache. Von Palestrina über Monteverdi nimmt Schütz die Geschicke der abendländischen Musik in die Hand. Der Funke springt über.

Als ein wesentliches Merkmal der Musik Monteverdis stellten wir die Neigung zur Bildung von dynamischer Einheit fest. Darin sollte man auch den Grund sehen, warum keine geradlinige Fortsetzung der Musik etwa in Italien stattfindet. Der Funke springt nach Deutschland über, weil diese neue musikalische Haltung ihre tiefste Rechtfertigung in der deutschen Sprachhaltung findet. Monteverdi hat eine Seite der Musik aufgedeckt, die sie als dem deutschen Wort wahlverwandt erscheinen ließ. Erst durch die Verbindung mit der deutschen Sprache führten diese Ansätze zu einer Erneuerung der Musik, zur Entstehung der instrumental-musikalischen Denkweise Bachs und der Wiener Klassiker.

10. Die Instrumentalmusik und J. S. Bach

Von der Gregorianik bis zu Schütz beabsichtigte die Vertonung die musikalische Verwirklichung der Sprache. Eine bestimmte Seite der erklingenden Sprache wurde herausgegriffen, sie wurde musikalisch fixiert, in den Vordergrund gestellt. Mit J. S. Bach ändert sich dies: Gegenstand der Musik ist nicht die Sprache, sondern der vom Komponisten hinter der Sprache erblickte Sinn. Die Sprache

---

[1] Ausführlicher darüber in Jungmann, Missarum Sollemnia I (s. Anm. S. 12), S. 180—189.

ist seit Bach nur Mittel; sie wird als bloßes Zeichen verstanden, das auf etwas anderes hinweist. Für die Musiker bis Schütz sind also erklingende Sprache und Komposition identisch; und seit Bach ist es anders geworden. — Mit dieser Frage wollen wir uns jetzt befassen.

Vergegenwärtigen wir uns die Vertonungen des Et incarnatus. Es war von alters her üblich, daß man diesen Satz, der die Menschwerdung ausspricht, langsam vorträgt, und zwar knieend. Die ehrfürchtige Haltung drückt sich auch in der Schlichtheit der Vertonungen aus.

In der Gregorianik (s. S. 11 ff.) wird das einzelne Satzglied als Sprachgebärde dargestellt; der Satzablauf erklingt als lebendige Sprache:

Et incar-natus est de Spi-ri-tu Sancto ex _ Ma-ri-a Vir-gi · ne: Et homo factus est.

In den beiden Messen des 14. Jahrhunderts, der Tournai-Messe und der Messe von Machaut (s. S. 34 f.), wird der Satz aus den einzelnen Silben zusammengesetzt. Die Sprache ist hier etwas Starres. Sie wird eindringlich buchstabiert:

Machaut, Messe [1]

Et____ in · car · na · tus est de Spi · ri · tu____ San · cto

ex Ma · ri · a Vir · gi · ne: et____ ho · mo fac · tus est.

Bei Ockeghem (s. S. 41 f.) wird der sprachliche Satz wieder als Einheit – jetzt mit den neuen Mitteln der mehrstimmigen Musik —

---

[1] Aus dem Nachlaß F. Ludwigs herausgegeben von H. Besseler in Bd. 4 der Gesamtausgabe, Leipzig o. J.

wiedergegeben. Im einzelnen wird er aber nicht als lebendige Sprache, sondern im Sinne des Mittelalters vorgetragen:

Ockeghem, Missa «Fors Seulement»[1]

Bei Palestrina (s. S. 45 ff.) ist der Satz sowohl als Ganzes wie auch bis in die einzelne Silbe lebendiges Latein. Er ist natürliches Sprechen, freie und daher überzeugende Sprache (s. Beispiel nächste Seite).

Monteverdis Vertonung (s. S. 51 f.) deklamiert mit subjektiv gefärbtem Nachdruck. Sie ist von der Bedeutsamkeit des Sprach-

---

[1] Herausgegeben von D. Plamenac, Johannes Ockeghem, Collected Works, second vol., New York 1947, S. 65 ff.

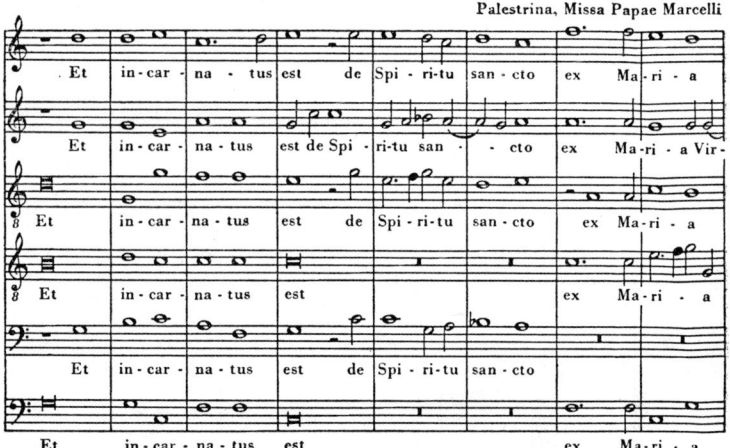

gehalts erfüllt. Es entstehen dynamische Spannungen. Es besteht der Drang, den einzelnen Satz als Teil eines Ganzen zu gestalten (s. Beispiel S. 74).

Im vorigen Kapitel beobachteten wir, wie in der deutschen Sprache Bedeutung und Erklingen zusammenfallen. Daher geht Schütz über Monteverdi hinaus und verwirklicht musikalisch den Bedeutungszusammenhang (s. Beispiel S. 75).

Was aber geschieht bei Bach? Vergegenwärtigen wir uns sein 'Et incarnatus' aus der H-Moll-Messe.

Die musikalische Verwirklichung dieser Stelle aus dem Glaubensbekenntnis ist seit seiner Entstehung im 4. Jahrhundert dem Musiker aufgegeben. Die Reihe der Deutungen, die wir hörten, bildet – das spürt man — nicht ein zufälliges, willkürlich zusammengestelltes Mosaik. Es herrscht eine Konsequenz, es ist eine in-

nere Beziehung zwischen dem jeweils Neuen und dem Überlieferten vorhanden. Ein in hohem Maße schöpferisches Gedächtnis ist am Werk. Kein Glied möchte man missen. Erst die Gesamtheit der Deutungen läßt in uns das Bewußtsein des über sie hinauswachsenden *einen* Sinns aufleuchten. Erst die geschichtliche Bewährung weist verbindlich auf das Übergeschichtliche hin. Man fühlt, daß auch Bachs Vertonung nicht für sich allein steht, sondern eine Weiterführung des seit den ersten christlichen Jahrhunderten anhaltenden Gesprächs bildet.

Das 'Et incarnatus' Bachs gehört zu jenen Kompositionen, über die man zu sagen pflegt, daß sie in ihrem Ernst, in der Tiefe der Empfindung, im schöpferischen Höhenflug, die Worte weit hinter sich lassen und das Unaussprechbare aussagen. Diese Beurteilung trifft aber nicht ganz zu. Denn die Musik ist bei Bach nicht eine Deutung der erklingenden Sprache; sie kann daher auch nicht die Sprache überflügeln. Bach verfolgt andere Ziele. Er verwendet die Sprache nicht mehr als erklingend-anschauliche Sinngestalt, er betrachtet sie nicht als autonomes Vorstellungsgebilde, als sprachliche Gestalt, sondern als Zeichen für Sinnbezüge, die nicht spezifisch sprachlicher Natur sind, als bloßen Hinweis auf einen gemeinten Sinn. Dies erlaubt ihm, das, was ihm vorschwebt, als rein musikalischen Sinn zu verwirklichen. Er kann daher nicht die vokale Musik unmittelbar weiterführen, da diese doch als erklingende Sprache groß geworden war. So ist die Musik Bachs von Hause aus instrumental. Das Neue der H-Moll-Messe gegenüber Schütz und den früheren Vertonungen ist die Instrumentalisierung der Musik. Erst dies erlaubt Bach, andere Sinnbezüge als die in der gesprochenen Sprache enthaltenen greifbar zu machen. So kann er im Et incarnatus die dem Satz zugrunde liegende Sinneinheit und ihren spezifischen Gehalt durch die instrumentale Figur, die den Satz umwebt (s. Beispiel S. 79), verwirklichen. *Sie* bestimmt das musikalische Geschehen, *sie* trägt die vokalen Stimmen. Aber auch in diesen weht instrumentaler Geist. Die nach abwärts gerichteten Schritte

die den unerbittlichen Ernst der Stelle bestimmen, diese Akkordzerlegung, ist keine von Hause aus vokal-musikalische Wendung, sondern hat instrumentalen Charakter.

Daß aber die instrumentale Musik so gewichtig geworden ist, verdankt sie der ihr vorausgegangenen Stufe. Wir sahen (S. 22 f.), daß die geschichtliche Mehrstimmigkeit in karolingischer Zeit aus der Begegnung des christlichen Worts mit einem klanglich-instrumentalen Musikempfinden entstand. Daraus wuchs eine sprachgebundene Musik, die eine von Hause aus klanglich-instrumentale Struktur aufwies. Dieser Widerspruch mußte überwunden werden. So begann ein Prozeß der gegenseitigen Durchdringung dieser heterogenen Musikauffassungen. Früher (S. 30) haben wir zwei Möglichkeiten auseinandergehalten: Musik als Ornament und Musik als Menschendarstellung. Hinter der ersten steckt die klanglich-instrumentale Vorstellungsweise, hinter der zweiten die Musik als Sprachverwirklichung. Wenn daher als Ziel der abendländischen Musik die Musik als Menschendarstellung, somit die Versprachlichung der Musik und Musikalisierung der Sprache bezeichnet wurde, bedeutet dies genauer besehen die Versprachlichung des *Instrumentalen* und die *Instrumentalisierung* der Sprache. Dieser Prozeß dauerte mehrere Jahrhunderte. Anfangs äußerte sich das Nebeneinander der beiden Komponenten darin, daß man bei der Ausführung Stimmen und Instrumente frei verwenden und mischen konnte. Die strenge Trennung zwischen vokal und instrumental, wie sie uns heute geläufig ist, existierte damals nicht. Erst im 16. Jahrhundert wurde die restlose Versprachlichung der Musik erreicht. Dies spiegelte sich in der rein vokalen Besetzung (vgl. S. 43), im A-cappella-Ideal der Musik Palestrinas.

Aber erst dadurch wurde auch die Entstehung einer selbständigen Instrumentalmusik als eines Gegenpols ermöglicht. Nicht, daß es früher keine Instrumentalmusik gegeben hätte. Sie war jedoch eine niedere Gattung, bloße Spielmannsmusik. Jetzt aber, als die Musik restlos versprachlicht wurde, konnte auch eine instrumentale Denkweise ausgebaut werden. Das äußerte sich nicht nur in der Entstehung der instrumentalen Kunstmusik des 17. Jahrhunderts (die uns hier nicht beschäftigen soll): Noch eindrucksvoller war vielleicht die neue Art, in der sich sprachgebundene und instrumentalmusikalische Denkweise nunmehr als Vokalmusik mit instrumentaler Begleitung verbündeten. Nur selbständige Partner können Verbündete werden. Ihre Selbständigkeit hatten sie aber erst im 16. Jahrhundert erlangt. Erst das A-cappella-Stadium ermöglichte die neue Phase, in die nun die versprachlichte Musik eintrat.

Es ist eigentümlich, daß diese neue Phase, Gesang mit instrumentaler Begleitung, nicht etwa einen Kompromiß oder einen Rückgang im Verfolgen des Ziels der Musik als Menschendarstellung bedeutet, sondern daß sie dieses Ideal in gewisser Hinsicht noch reiner als die A-cappella-Musik verwirklicht. Denn jetzt übernahm der instrumentale Part die eigenständig musikalisch-tektonischen Aufgaben und entlastete den vokalen Part davon, so daß dieser anderen Aufgaben dienen konnte. Es entstand der *stile recitativo,* die Grundlage der Oper Monteverdis. Der vokale Teil war analytisch-reihend, er spiegelte das sprachliche Element, das strömende Wort; der instrumentale war konstruktiv-synthetisch und übernahm die Herstellung der musikalischen Sinnbezüge (ein instrumental-tektonisches Mittel ist z. B. der *basso ostinato,* eine sich mehrmals wiederholende Baßformel — s. auch Beispiel S. 42 — bei wechselndem

Oberbau. Auch andere Variationstechniken gehören hierher). Das freie, von musikalischer Konstruktion unbeschwerte Erklingen des Wortes wurde durch die instrumentale Begleitung tektonisch unterbaut.

Es scheint, daß sich Ähnliches auch schon in der kurz vor und um 1600 (bei A. und G. Gabrieli, bei Viadana u. a.) aufkommenden Bezeichnung *concerto* spiegelte: Zusammenwirken des vokalmelodischen mit dem instrumental-tektonischen Element. In der Bezeichnung *Concerti spirituali, Geistliche Konzerte* (Werke für Gesang mit Instrumentalbegleitung), etwa bei Schütz, lebt noch diese ursprüngliche Bedeutung des Terminus *concerto*. Ihr gesellte sich dann auch die Bedeutung des Zusammenwirkens und Wetteiferns von solistischen Stimmen und Instrumenten oder von Instrumenten allein, auch von Instrumentengruppen oder von Solo und Tutti hinzu.

Doch der sowohl dem *stile recitativo* als auch dem *concerto* übergeordnete satztechnische Begriff ist der des *Generalbaß*-Satzes: Der tektonische Unterbau wird vom Baß getragen, er bildet das Gerüst der Zusammenklangsfolge und wird instrumental ausgeführt. Die Baßstimme läuft ununterbrochen weiter; nur sie wird notiert. Die Zusammenklangsfolgen, die Akkorde, führt der Spieler aus dem Stegreif, meist auf einem Tasteninstrument (Orgel oder Cembalo) aus, nach den Angaben der sog. Bezifferung, womit die Baßstimme meist versehen ist (s. Beispiel S. 112).

Der vokale – oder später auch instrumentale — Oberstimmenkomplex kann sich nun, unbeschwert von der konstruktiven Aufgabe der Deutung des Wortes, dem Melodischen widmen, er kann dem Ausdruck dienen. Freilich gab es auch Kompositionen, in denen diese säuberliche Trennung von Melodischem und Tektonischem, von vokalem und instrumentalem Part nicht durchgeführt wurde; so z. B. in den Werken von Monteverdi und Schütz, die in den vorausgegangenen Kapiteln angeführt wurden. Aber der neue Geist ist auch in diesen zu spüren. So weist besonders der Baß der Messe Monteverdis (s. Beispiele S. 51 und 74), der übrigens nach Belieben auch als instrumentaler Generalbaß auszuführen ist, ein tektonisch-instrumentales Gefüge auf, obwohl die Messe äußerlich noch der Palestrina-Tradition, der A-cappella-Polyphonie angehört. Die aus liturgischen Gründen ohne Instrumentalbegleitung auszuführenden Passionen von Schütz stellen eine rein sprachlich-musikalische, ausdrucksmäßige Vertonung dar (s. Beispiel S. 64), wobei die Vorstellung eines tragenden harmonischen Gerüsts, das gleichsam unsichtbar ist, mitschwingt. In den schlicht mehrstimmigen A-cappella-Messensätzen von Schütz (s. S. 65 f.) ist trotz der ausdrucksmäßigen Wortbehandlung die Trennung der Aufgaben von Oberstimmenkomplex und Baß fühlbar.

So hatte der Generalbaß-Komplex, die Instrumentalbegleitung, mit der Darstellung der erklingenden Sprache nichts zu tun, er war nicht mit Sprachdeutung unmittelbar belastet. Nichts lag näher, als daß dieser vom Wort unabhängige Bestandteil der Komposition neu in den Dienst der Sinnverwirklichung eingespannt wurde. Diese instrumentale Denkweise konnte jedoch nicht mehr ihre vornehmste Aufgabe darin sehen, daß sie die Sprache zum Erklingen brachte. Sie ging eigene Wege, denn sie hatte keine Möglichkeit, an die Sprache unmittelbar anzuknüpfen. Hier finden wir also einen Ansatzpunkt, um eine Erscheinung wie das instrumentale Gewebe des Bachschen Et incarnatus zu verstehen (s. S. 70 f. u. 75 f.). Das Instrumentale, das von Hause aus der abendländischen Mehrstimmigkeit innewohnte, das aber als ausdrücklicher Faktor durch die in Palestrina gipfelnde Vokalisierung der Musik ausgeschaltet worden war, schleicht sich jetzt durch eine unbemerkte Tür ein. Es erhebt jetzt sogar den Anspruch auf Instrumentalisierung nicht mehr der Sprache, sondern unmittelbar des Sinnzusammenhangs; es erhebt den Anspruch, selbständiger Sinnträger zu werden. Dieser Anspruch war auch nicht illegitim. Denn im Zeichen des Instrumentalen wurde die abendländische Mehrstimmigkeit geboren, und nach einer fast tausendjährigen Geschichte hatte sie jetzt die Reife erlangt.

Doch jene Geschichte hatte sich als eine stetige Auseinandersetzung mit dem Wort abgespielt. Selbständiger Sinnträger konnte die instrumentale Musik dank dieser ihrer Herkunft, ihrer früheren Unselbständigkeit, werden. Erst dies bietet uns den tieferen Ansatzpunkt zum Verständnis der Verwandlung, vor der wir jetzt stehen. Das instrumentale Gewebe des Bachschen Et incarnatus,

etwa die Figur , hat etwas 'Sprechendes'.

Dieses Merkmal trägt die gesamte große Instrumentalmusik, die Musik Bachs und der Wiener Klassiker. Woher kommt dies? Die Antwort darauf bietet uns einen wesentlichen Zugang zum instrumentalen Satz jener Zeit. Sie ist schon früher (S. 56) angedeutet worden: Musikalische Wendungen, musikalische Rhythmen, die an Hand der Sprachvertonung entstanden waren, wurden eindringlich, unauslöschlich in die menschliche Seele eingraviert, so daß sie anfingen, ein Eigenleben zu führen und dadurch auch die instrumentale Musik zu befruchten. Die musikalischen Gestalten, die durch Monteverdi und besonders durch Schütz als Vertonungen des deutschen Wortes geschaffen wurden, waren so intensiv empfunden, sie waren so plastisch, gemeißelt, einprägsam, daß sie, mit Sinn gesättigt, nunmehr auch ohne das Wort gebraucht werden konnten. Mit Schütz ging die Geschichte der Musik als Verwirklichung der erklingenden Sprache zu Ende. Wenn man die abendländische Musik im Hinblick auf ihr Verhältnis zur Sprache betrachtet, liegt hier der tiefste Einschnitt innerhalb ihrer Geschichte.

Die Musik artikuliert nunmehr, als ob sie spräche, und zwar deutsch spräche. Sie hat mit dem Deutschen das Dynamische, den Drang zur Bildung von jeweils übergeordneten Einheiten und darüber hinaus die geistige Haltung, das Schlicht-Innerliche, das gleichsam bedeutungsbedingte Ansprechen gemein. Ihre Gewichtsverteilung hat die Würde der bedeutungsbedingten Betonung. So ist Schütz nicht nur ein Abschluß. Mit ihm fängt die große Zeit der in einem tieferen Sinn deutschen Musik an. Schütz, Bach, die Wiener Klassiker (mit Schubert), diese aufeinanderfolgenden drei Vulkaneruptionen fußen auf der Geistigkeit, die die deutsche Sprache belebt. Vergegenwärtigen wir uns noch, daß die selbständige Haltung der Musik nicht möglich geworden wäre, wenn man nicht vorher das Deutsche, d. h. die Sprache als Bedeutungszusammenhang, vertont hätte, wenn nicht das Werk von Schütz vorläge. Denn das verbindende Glied zwischen formaler Sprachvertonung und ihrer Verwendung als bloßes Zeichen für Inhalte ist die als Bedeutung erklingende Sprache. Das Deutsche, das die Musik der unmittelbar vorausgegangenen Stufe bestimmte, ist aber in dieser Beziehung innerhalb der europäischen Sprachen am weitesten gekommen.

Mit der Übertragung aber auf die Ebene des rein Instrumentalen werden neue Folgerungen gezogen: Die Instrumentalmusik rationalisiert, systematisiert; erst dadurch findet sie sich selber. In den Schützschen Vertonungen deutscher Prosa gibt es z. B. noch nicht den als Prinzip durchgeführten *Takt*. Und doch sahen wir im Zusammenhang mit der deutschen Sprachvertonung die sinnbestimmenden Elemente des späteren Taktes, den Abtakt und den Auftakt (S. 56), sahen die Metrik (S. 59) einen neuen Sinn erhalten. Dort waren diese Erscheinungen noch in Gärung. Erst durch das instrumentale Denken wurden allmählich die Folgerungen gezogen.

Die jetzt entstehende Musik fußt aber nicht nur auf der ihr unmittelbar vorausgegangenen Stufe. Die Instrumentalisierung erlaubt, daß jetzt die Komposition alle früheren Stufen abendländischer Musik in sich einschließt. Wir wollen dies an Hand eines instrumentalen Stückes von Bach veranschaulichen, das gleichwohl ohne Beziehung zur Sprache nicht möglich wäre: eines Choralvorspiels.

Ein Choralvorspiel ist ein Orgelstück, das auf der Melodie eines gegebenen Chorals beruht. — Es ist also ein rein instrumentales Stück, das aber auf eine ursprünglich gesungene Melodie, auf einen gesungenen Text, einen Choral bezogen wird. Wir wählen das Choralvorspiel 'Vor Deinen Thron'. Die erste Choralstrophe lautet:

Vor Deinen Thron tret ich hiermit,
O Gott, und Dich demütlich bitt:
Wend Dein genädig Angesicht
Von mir betrübtem Sünder nicht.

Aus vier Zeilen besteht auch die Melodie. Ihnen entsprechen die Teile des Choralvorspiels. Es ist vierstimmig. Die drei Unterstimmen beginnen hintereinander mit der ersten Melodiezeile in kurzen Notenwerten. Erst nachdem die drei Unterstimmen begonnen haben, erklingt in der Oberstimme die Melodie in langen Notenwerten, wie man sie singen würde, während die drei Unterstimmen weiterhin fortgesponnen werden[1]. So wie der erste Teil sind auch die anderen Teile ausgeführt. Bei diesen tritt nur noch hinzu, daß, wäh-

---

[1] Von hier ab möge der Leser die Beispiele in den leicht zugänglichen Ausgaben nachschlagen. Bachs Choralvorspiel 'Vor Deinen Thron' findet man außer in Ausgaben der Choralvorspiele auch im Anhang der von W. Graeser besorgten Ausgabe der 'Kunst der Fuge' (Veröffentl. der Neuen Bach-Ges., XXVIII, Heft 1, S. 119).

rend jeweils die Melodiezeile in der Oberstimme erklingt, die drei Unterstimmen gleichzeitig melodisches Material auch der vorausgegangenen Zeilen mitverarbeiten. Aber damit werden im Geiste auch textlich die verschiedenen Zeilen gleichzeitig vorgetragen, so daß uns hier der Gehalt des Chorals verdichtet entgegentritt — ein Vorgang, der mit dem natürlichen Sprechen unvereinbar ist.

Es wurde schon angedeutet: die geschichtliche Dimension tritt uns in Bachs Musik als Gegenwärtiges entgegen; die verschiedenen historischen Stufen der Auseinandersetzung des musikalischen Klanges mit dem Wort spiegeln sich hier wider. So die Bezugnahme auf den Glauben, die sichtbare religiöse Bindung durch den Choral. Dies erinnert an die älteste Stufe abendländisch-historischer Mehrstimmigkeit, auf der uns der liturgische Gesang als Stellvertreter des Dogmas begegnete (s. S. 24): Die Choralmelodie ist bei Bach als Sigel der religiösen Idee, als Zitat, in ihrer kunstloskirchlichen, volkstümlichen Gestalt übernommen und wird als konstruktive Grundlage für ein eigenständiges instrumental-mehrstimmiges Stück verwendet. Doch stellen wir auch zugleich zwei Verschiedenheiten fest: 1. Der Zusammenklang, die 'Mehrstimmigkeit' war in jener frühmittelalterlichen Zeit noch knollenhaft, noch nicht durchgebildet. Daher konnte er noch nicht dem vollen Wortgehalt gerecht werden. Hier aber, bei Bach, ist er das Ergebnis einer überaus reifen polyphonen Kunst. 2. Bei Bach liegt nicht der frühmittelalterliche, der lateinische Choral, der Stellvertreter einer transzendenten Idee vor, sondern der neue, als Sprache und Melodie volkstümliche, deutsche Choral, der von der menschlichen Innigkeit des Subjekts getragen wird. Dies führt aber nicht etwa zu einer Überbrückung, sondern zu einer Verschärfung des Gegensatzes zwischen dem gegebenen Choral und der mehrstimmigen Ausarbeitung: Diese schlichte, innig-volkstümliche Melodie, *soll* auch als Ganzes sinnlich wahrnehmbar sein. Sie erklingt als naives Volkslied, während wir gleichzeitig ein geistig durchfurchtes Gebilde, die Polyphonie der drei Unterstimmen, wahrnehmen. Es ruht im Schoß des Chorals, es wird von ihm eingefaßt. Aber um so mehr hebt sich dadurch das eigentliche geistige Geschehen von dem volkstümlich-kirchlichen Hintergrund ab; um so bedeutender ist die Gegenüberstellung, ja die Zusammenzwängung des Urstoffes und des polyphonen Gebildes.

Wenden wir uns diesem mehrstimmigen Gebilde zu: Hier, im Geschehen der drei Unterstimmen spiegelt sich der seit der frühmittelalterlichen Choralbearbeitung zurückgelegte Weg. Es sei dies durch einige Beispiele veranschaulicht: Wenn am Schluß des Stükkes, nach der bis dahin nie nachlassenden polyphonen Arbeit, die letzte Zeile (vorletzter Takt) wie ein von der entferntesten Kirchenwand zurückgeworfenes Echo noch einmal, aber diesmal zusammenfassend chorisch, nachklingt, so ist das wie eine Reminiszenz aus anderer Welt. Man erinnert sich an jene mittelalterliche Zeit, in der das Wort noch lediglich als klanglich-metrische Gestalt, als etwas von außen her Gesehenes, als Gegenständliches musikalisch erfaßt und deklamiert war.

Das gleichzeitige Erklingen der verschiedenen Choralzeilen, somit das im Geiste gleichzeitige Vortragen der verschiedenen Textzeilen erinnert aber an das hohe Mittelalter (s. S. 31 f.). Dieses sprachwidrige Verfahren ist durchaus berechtigt, solange man das Wort als bloßen Stellvertreter einer Idee, die paraphrasiert wird und als klanglich-metrischen Stoff musikalisch auffaßt: Wie die verschiedenen Texte durch die gemeinsame Idee zusammengehalten wurden, so die verschiedenen Stimmen durch den gemeinsamen Zusammenklang.

Einer reiferen Stufe in der musikalischen Deutung des Wortes entspricht die thematische Beschaffenheit und die innere Gliederung: Die drei Unterstimmen verwenden Ausschnitte aus der Choralmelodie, aber sie artikulieren sie in kurzen Notenwerten. Es ist, als ob man im Geiste die Worte unablässig deklamierte. Die einzelnen Melodiezeilen des Chorals werden in Themen verwandelt, die den Text sinngemäß vortragen. Hier spiegelt sich die Stufe der Vokalmusik des 15. und 16. Jahrhunderts: Die Sprache wird hier als natürlich deklamierter Satz musikalisch erfaßt. Dabei hat die Wortvorstellung noch etwas Kühles, Kristallklares, Unnahbares. So, wenn etwa im 16. Jahrhundert das Wort *descendit* aus dem Glaubensbekenntnis durch absteigende Tonreihen versinnbildlicht wird (s. S. 42 und 46 f.); so, wenn bei Bach die Textstelle *betrübten Sünder* als Trübung durch mehrfache, schneidende Dissonanzen etwas unbarmherzig kalt Schneidendes erhält, gleichsam zum Bild des Falschen, Sündhaften wird.

Wenn endlich in dem melodischen Ausspinnen der einzelnen

Linien das subjektive Erleben, die innige Wärme der Persönlichkeit, die mit Blut durchpulste Vorstellung, der Hauch des atmenden Subjekts, die höchst persönliche, süß schmeichelnde Bitte, der Affekt des Schmerzes ausgedrückt werden, so erinnert uns dies an die Vokalmusik von Monteverdi und Schütz.

Bei Bach handelt es sich nun um ein rein instrumentales Stück. Selbständige Instrumentalmusik, auch Choralvorspiele, hat es zwar schon im 17. Jahrhundert gegeben. Aber die rein instrumentale Kunstmusik war damals noch jung; sie verriet noch ihre Herkunft von der instrumentalen Gebrauchsmusik des Handwerkers, des Spielmanns; sie trug noch deutlich die Spuren des bloß instrumentalen Spieltriebs. Erst Bach erfüllte die Instrumentalmusik restlos mit Geist, indem er sie mit der Summe der historischen Sinnanspeicherung der Vokalmusik bereicherte. Er erlebte die instrumentale Musiksprache so intensiv, er war vom Drang, eindringlich musikalisch zu 'sprechen', so besessen, daß er seinem Stoff die Merkmale sprachlicher Eindringlichkeit einzuprägen vermochte.

So ist Bachs strenge Polyphonie, die ihn von seinen Zeitgenossen unterscheidet, nicht etwa ein konservativer Zug, sondern die Folge ihres Zusammenhangs mit der sprachgebundenen polyphonen Musik. Bachs Spannweite wird uns bewußt, wenn wir uns die zwei Eckpfeiler seines Schaffens vergegenwärtigen: Einerseits die Polyphonie, andererseits das Festhalten am Choral als an der von außen her gegebenen Idee, diese Rückbesinnung auf den Ursprung abendländischer Musik.

Das gilt nicht etwa nur für die Choralvorspiele. In weiterem Sinn gilt es auch für die andere Instrumentalmusik, z. B. für die Fuge, die übrigens den Stempel ihrer Herkunft von der Vokalmusik des 16. Jahrhunderts deutlich trägt. Präludien und ähnliche Instrumentalstücke, die z. B. Fugen vorausgehen, haben den Charakter einer Vorbereitung; sie stecken gleichsam das Gelände ab. Die eigentliche Vertiefung aber findet erst durch die Fuge, den Stellvertreter der Vokalmusik statt. Das Thema ist hier, in der Fuge, ähnlich Vertreter einer Idee wie eine Choralmelodie. Die Instrumentalthemen wurden vokalisiert, oder besser: sie haben eine sprachähnliche Struktur angenommen. Und umgekehrt: die vokale Musik erhält eine instrumentale Durchgliederung, sie wird mit instrumentalen Wendungen durchsetzt und damit als instrumentale

Musik gedeutet. In Bach sind der Spielmann, der Organist, der Kantor, der Hofkapellmeister in einer Person vereinigt. Man könnte sagen, daß seit der Verselbständigung der Instrumentalmusik der innere Grund für eine Trennung in Vokal- und Instrumentalmusik weggefallen ist. Vokalmusik wird erst dann richtig wiedergegeben, wenn sie so vorgetragen wird, als ob sie instrumental wäre, d. h. auf Grund ihrer rein instrumental-motivischen Durchgliederung. Und Instrumentalmusik sollte so vorgetragen werden, als ob sie vokal wäre, d. h. sprechend, mit der Eindringlichkeit des Sprechens.

Der musikalische Satz hat also eine solche Prägnanz erreicht, daß er stellvertretend für Sprache im landläufigen Sinn stehen kann. Er vereinigt Nüchternheit mit Glut, Sachlichkeit mit restlosem Einsatz des Ich, handwerkliche Faktur mit letzter Verantwortlichkeit der Person.

Betrachten wir noch einige Beispiele aus der H-Moll-Messe.

Das Sprechende der neuen instrumentalen Setzweise erlaubte nun, daß vokale Partien instrumental eingeleitet werden, weil sich diese zwei Äußerungsweisen einander angeglichen haben. Das Thema des Kyrie wird z. B. zuerst instrumental exponiert und hat auch instrumentalen Charakter. Wie sprechend aber dieses Thema ist, zeigt sich, wenn es vokal ausgeführt wird:

Die Verselbständigung des musikalischen Satzes der Textvorlage gegenüber erlaubt, daß die Musik Sinngehalte einfängt, die nicht in der erklingenden Sprache unmittelbar vorgebildet sind. Schon der Beginn der Messe, die Anrufung *Kyrie* durch den gesamten Chor und die Instrumente sagt etwas anderes aus als im Sprechen des Textes *Kyrie eleison* je enthalten sein kann. Die Vorstellung, daß damit die Messe eingeleitet wird, diese Vorstellung der flehenden Eröffnungsgebärde ist hier Musik geworden.

Auch der strahlende Beginn des Gloria in D-Dur im ⅜-Takt mit dem Klang der Trompeten und Pauken ist nicht nur als Deutung des Textes *Gloria in excelsis Deo* 'Ehre sei Gott in der Höhe' zu verstehen: Er eröffnet das gesamte Gloria und weist auf die überlieferte liturgische Haltung dieses Teils der Messe hin.

Sein Gegenstück bildet der Abschluß des Gloria im $\frac{3}{4}$-Takt, *Cum sancto spiritu in Gloria Dei Patris. Amen.* 'Mit dem Heiligen Geist in der Herrlichkeit Gottes des Vaters. Amen.' Wer könnte wagen, die schöpferische Vorstellungskraft, die hier am Werk ist, mit Worten zu umschreiben? Nicht die Sprache soll hier zur Geltung kommen. Bach läßt sich von dem Inhalt anregen, um ein selbständiges musikalisches Werk zu schaffen, das — man darf es wohl sagen — zum Größten gehört, was uns vermacht worden ist.

Im Sanctus setzt im Baß bald nach dem Beginn die sich öfter

wiederholende rhythmische Figur ein: *Sanctus Dominus Deus*

Sabaoth. Die instrumentale Art, wie sie verwendet wird, veranschaulicht die neue Funktion der Sprache innerhalb der Komposition.

Die Verwendung der Sprache als eines bloßen Zeichens für gemeinten Sinn durch die verselbständigte Instrumentalmusik hängt, wie wir sahen (S. 80), mit der deutschen Sprachhaltung zusammen. Diese Emanzipation der Musik von der Sprache ist es auch, die jetzt erlaubt, wieder den von alters her überlieferten lateinischen Text zu vertonen: Denn jetzt ist nicht nötig, daß sich die Komposition streng an die benützte Sprache anlehnt; so kann die Musik auch Bedeutungszusammenhänge beleuchten, obwohl dies der lateinischen Sprachstruktur widerspricht. Etwas vereinfacht und überspitzt formuliert: jetzt kann man einen lateinischen (oder auch einen italienischen) Text unmittelbar in deutsche Musik übertragen, als deutsche Geistigkeit darstellen. Und umgekehrt: auch die nichtdeutsche europäische Musik konnte — soweit dies überhaupt möglich ist — von jetzt ab 'deutsch' sprechen, indem sie etwas von der deutschen musikalischen Satzstruktur übernahm.

Eine andere Folge der selbständigen Haltung der Musik ist die, daß Bach jeden Messensatz in einzelne Nummern (z. T. auch für Soli) auflöst (z. B. Et incarnatus, Crucifixus, Et resurrexit). Durch diese Einteilung interpretiert Bach selbständig den Text. Sie erlaubt ihm aber auch, jedem Teil des so gegliederten Textes einen eigenen musikalischen Grundcharakter zu verleihen. Auch Sinnbilder oder Gleichnisse, die mit musikalischen Mitteln dargestellt werden, können den Gehalt der einzelnen Nummern bestimmen. So dient oft eine Zahlensymbolik als Ausgangspunkt.

An Hand des Choralvorspiels 'Vor Deinen Thron' wurde auf den Sinn der Cantus-firmus-Arbeit innerhalb der instrumentalen Denkweise hingewiesen. Man trifft auch die Verwendung zweier verschiedener Melodien als cantus firmus an. So verarbeitet Bach in einem Kyrie in F-Dur die an das 'O, Du Gottes Lamm, das der Welt Sünde trägt' anschließende Kyrie-eleison-Melodie aus der Litanei und die Melodie 'Christe, Du Lamm Gottes'. Die zwei cantus firmi werden durch die gemeinsame Idee verbunden. Es wird aber nur der Kyrie-Text gesungen.

Die vokale Ausführung eines cantus firmus führt aber auch zum gleichzeitigen Erklingen zweier verschiedener Texte. Wenn der cantus firmus auf eine gregorianische Melodie zurückgeht, liegt sogar auch eine konkrete Reminiszenz an die Musik der Vergangenheit vor. Als Beispiel mag der Beginn des Credo angeführt werden. Bei Bach wird die Intonation Credo in unum Deum (s. S. 12) als cantus firmus, teils vokal, teils instrumental verwendet. Sie erklingt aber nicht als lebendiges Sprachglied wie in der Gregorianik, sondern ist wie in der Mehrstimmigkeit des Mittelalters erstarrt, sie ist in einzelne Silben zerfallen. Nur die Betonung wird als metrisches Skandieren, wie im Mittelalter, berücksichtigt:

Cre - do in u - num De - um

Das soeben Gesagte gibt Anlaß zu einer allgemeinen Bemerkung: Da die Musik ihre eigenen Wege geht, braucht sie oft von der Sprache nichts anderes zu berücksichtigen als die Betonung. Das erinnert an das Mittelalter, das die Sprache vorwiegend vom Gesichtspunkt der metrischen Wucht her vertonte.

Über die Entstehung der H-Moll-Messe weiß man wenig. Kyrie und Gloria widmete Bach 1733 seinem Landesherrn, dem sächsischen Kurfürsten August II. Die übrigen Sätze sind in den folgenden Jahren entstanden.

Der kurfürstliche Hof war katholisch. War also die H-Moll-Messe für den katholischen Gottesdienst geschrieben? Daß Bach seinem Landesherrn ein Werk anbietet, das sich dem katholisch-lateinischen Gottesdienst fügen kann, ist verständlich. Daraus aber kann man nicht schließen, daß das Werk als katholische liturgische Musik gedacht war; schon deswegen nicht, weil in jener Zeit auch innerhalb der evangelischen Tradition noch lateinische Messensätze, besonders Kyrie und Gloria, verwendet wurden. Man hat aber mit Recht darauf hingewiesen, daß die H-Moll-Messe überhaupt nicht als liturgische Musik, weder als katholische noch als evangelische, gedacht werden darf.

Die geistigen Wurzeln und der geistige Horizont dieses Werkes werden vielleicht sichtbarer, wenn man sich die damalige Situation in der Geschichte der Meßliturgie und im Wandel der Musiksprache vergegenwärtigt.

Wir haben früher (S. 48) gesehen, daß das liturgische Werden der Messe mit dem endgültigen Einheits-Missale um 1570 seinen Abschluß erreichte. Dies verwandelte auch den Sinn der Messenvertonung: Die katholische Liturgie blieb seitdem stehen; die Musik wandelte sich weiter. Während sie aber bis dahin ein Stück Liturgiegeschichte bildete, wurde sie jetzt notwendigerweise isoliert, denn die Liturgie selbst, indem sie sich dem Wandel entzog, stieß die Musik von sich ab (s. auch S. 69 f.). So gehört die Vertonung der Messe seit dem 17. Jahrhundert nicht mehr in die Geschichte der Liturgie, sondern in die Geschichte der Musik allein. Außerdem berührt die Geschichte der Liturgie von jetzt ab nicht mehr die Lebensmitte des Christlich-Geistigen. Die neu entstehende liturgische Musik sank daher allmählich zu zweitrangiger Bedeutung herab. Umgekehrt konnte ein Werk wie die H-Moll-Messe nur außerhalb des aktuellen liturgischen Rahmens liegen.

Aber auch der Wandel der Musiksprache führte eine wesentliche Änderung — man könnte sagen: eine geistige Umwälzung — herbei. Wir sahen, daß die Musik jetzt instrumentalisiert wurde. Dasselbe wird aber ausgedrückt, wenn man sagt, daß das Musikalisch-Geistliche verweltlicht wurde, indem es sich mit dem instrumentalen Spieltrieb vereinigte. Oder ist es vielleicht besser zu sagen: Das Allgemein-Geistige wurde mit dem Christlichen vereinigt. Es wurde vom Christlichen überflutet. Nicht eine gewisse musikalische Gattung, die sog. Kirchenmusik, ist jetzt der verantwortliche Träger des Christlichen, sondern die Musik schlechthin hat in sich das Christliche aufgenommen. So wie aus vokaler und instrumentaler Musik jetzt eine neue Einheit wurde, so ist auch aus den früheren Gattungen der Kirchenmusik und der weltlichen Musik eine einzige im Geist des Christlichen neu geborene Musik entstanden. Geist war im Mittelalter mehr in Gestalt von verschiedenen Gattungen greifbar. Mit Bach aber bricht eine neue Zeit an, die das Merkmal des Geistigen immer mehr in seiner Einheit erblickt. Ein weiterer Schritt des Geistes zur Eroberung der gesamten Wirklichkeit ist getan. Eine weitere Verschmelzung des weltlichen Spieltriebs mit dem religiösen Ernst hat stattgefunden. Sie war keine Verwässerung, sondern eine Vertiefung.

11. Die Wiener Klassiker

Die Wiener Klassiker, Haydn, Mozart und Beethoven, denken, wie Bach, instrumental. Auch für sie gilt daher die Bemerkung am Schluß des vorausgegangenen Kapitels über die Vereinigung des Geistlichen mit dem Weltlichen. Auch sie benützen die Sprache als bloßes Zeichen für gemeinten Sinn, der mit instrumentalen Mitteln eingefangen wird. Trotzdem kommen in der Wiener klassischen Musik auch die Sprachgestalt und die Sprachgeste unmittelbar zur Geltung. Dies geschieht jedoch in einem besonderen Sinn, auf eine neue Art. Wollen wir das Neue der Wiener klassischen Musik ins Allgemein-Geistige übersetzen, so können wir es als das Erfassen des Handelns, des spezifisch menschlichen Handelns, bezeichnen. Und gerade dies läßt sich als das Gewinnen eines neuen musikalischen Verhältnisses zum Wort veranschaulichen. — Doch hier ist es zweckmäßig, von der weltlichen Musik auszugehen.

Betrachten wir ein vorklassisches Beispiel: Aus einem neuen Verhältnis zum Theater, zum dargestellten, somit auch sprechenden Menschen, war eine neue Musik entstanden. In der komischen Oper 'La Serva Padrona' von Pergolesi (1733) will die Musik nicht so sehr das Bild eines Affektes oder auch eines Affektwechsels sein. Der Komponist vertont die Situation, die Aktion, die Begebenheit auf der Bühne, das Geschehen vor unseren Augen, in unserer Gegenwart, hier und jetzt. Die Aufmerksamkeit wird musikalisch auf den Darsteller als handelnde Person gelenkt. Man macht musikalisch seine Aktion mit. So bei der ersten Arie des Uberto:

A - spet - ta - - - - - re, e non ve - ni - re, sta - rea let - - - - - - to, e non dor-mi - re, ben ser - vi - - - - - re, e non gra-di - re son tre co - se da _ mo - ri - - re, da _ mo - ri - re!

Nicht der dieser Rede zugrundeliegende Affekt, etwa eines miß-mutigen, verärgerten Alten, bildet primär den Gehalt der Musik. Pergolesi erfaßt diese Worte nicht sub specie des stehenden Affek-tes, sondern sub specie des Geschehens, d. h. so, als ob sie die An-gabe einer hier und jetzt, vor unseren Augen, in unserer Gegenwart stattfindenden Begebenheit wären. So die Wirklichkeit sehen be-deutet aber, sie als etwas Diskontinuierliches, somit auch Un-berechenbares, erfassen. Denn die Situation ändert sich von Augen-blick zu Augenblick ruckartig, unvorhergesehen von außen her.

Sie entsteht jeweils aus der Wechselwirkung zwischen Person und Ereignis, der unerwartet auftauchenden, bis dahin nicht vorhandenen Gegebenheit. In diesem Sinn wird hier der Wortgehalt aufgefaßt: 1. *aspettàre:* man wartet, lange, gespannt; 2. *e non venire:* es tritt plötzlich, ruckartig eine neue Situation ein, durch die Feststellung des Nicht-Kommens.

Was Pergolesi dem Bretter-Gebot gehorchend gleichsam notgedrungen der Musik aufzwingt, führt nun der junge Mozart mit innermusikalischen Mitteln aus:

La Finta Giardiniera, Nr. 5

'*A forza di martelli, di martelli, mart-e-lli — il ferro si riduce.*' 'Durch lautes Hämmern, und Hämmern und H-ä-mmern' — und nun tritt plötzlich, ruckartig, eine neue Situation ein: — 'gibt das Eisen nach.' Die Analogie zum '*aspettare — e non venire*' ist unverkennbar. In beiden Fällen wird aus schablonenmäßigen, sprichwortähnlichen Redensarten das Begebenheitsmoment herausgegriffen und daraus eine bedeutende Aktion, eine agierende musikalische Wirklichkeit, geschaffen. In beiden Fällen ein angespanntes Warten, Beharren, und eine durch plötzliche Änderung der äußeren Gegebenheit (hier durch das plötzliche Nachgeben des Eisens) entstehende Fortsetzung.

Ein Beispiel aus dem jungen Haydn mag die technisch-musikalische Seite dieser Geisteshaltung näher beleuchten:

Streichquartett op. 1 Nr. 1, erster Satz

Die entscheidende Fuge ist die Achtelpause am Ende von Takt 16, vor dem Beginn des Gebildes Takt 17—20: Takt 1—16 herrscht der auftaktige Anfangsimpuls (♪ | ♩). Durch das Wegfallen des Auftaktes vor Takt 17 entsteht ein Bruch, ein Loch; man stolpert: ein mit voller Absicht durchgeführter Bruch der Kontinuität. Auf solche Weise wird das Moment des 'Gegenwärtigen' in die musikalische Satztechnik eingefangen. Es folgt nun, Takt 17—20, ein abtaktiger Gedanke (| ♬♬ | ♪ | usw.). Das auftaktige Motiv will sich aber vom Ende des Takts 20 ab wieder behaupten. Es setzt eigenwillig, willenskräftig, auf dem sechsten Achtel dieses Taktes ein (wieder Diskontinuität). Doch der abtaktige Gedanke Takt 17—20 hat Verwirrung gestiftet. Das auftaktige Motiv, der Hauptgedanke des Stücks, kann sich nicht sofort wieder durchsetzen. Die Phrasierung: ♪ | ♪ ♫ ♫ ♪ | ♫ ♪ ♪ ♪ zeigt, wie es anfangs taumelt. Erst mit den letzten zwei Takten vermag es uns zu überzeugen (♪ | ♪ ♪ ♪ ♫ | ♩ ♪ ♪ ‖).

Das auftaktige Motiv wird also zu Beginn lediglich hingestellt, wie eine assertorische Behauptung. Erst durch die zweckmäßige Anlage wird es uns zum Ereignis.

Es läßt sich aber noch ein zweites wesentliches Baumerkmal beobachten: Bis Takt 22 erklingt der jeweils abschließende Entspannungsakkord stets auf dem schwachen Taktteil, während der Dominant-(oder Subdominant-)Spannungsakkord auf den starken Taktteil fällt (Takte 4, 8, 9—14, 17—20, 22). Das Stück verläuft bis zu diesem Takt nach dem Schema | V–I | an Stelle des normalen V | I, also in stetem Widerstreit zwischen Takt und Harmonie. (Diese Harmonie ist jedoch kongruent mit der rhythmischen Gestalt des Hauptgedankens, die auf schwachem Taktteil endet: ♪ | ♩ ♪ ♩ | ♪ ♪ ♩.) Erst mit den zwei letzten Takten wird der Widerstreit aufgehoben, indem die harmonische Folge | V–I | durch den mit Takt 23 frei eintretenden, willenskräftigen Impuls aufgegeben wird. Erst jetzt wird der Tonika-Akkord schlußkräftig.

Das harmonische Sigel V – I wurde also nicht mit dem Takt zusammengekoppelt. Harmonisches Sigel und metrische Gewichtsverteilung bildeten nicht eine unlösbare Einheit, sondern wurden getrennt gehandhabt. Damit ist auch die Umkehrung der ursprünglichen rhythmischen Gestalt verbunden: Früher stets weibliche Endung (vgl. z. B. das NB, hier oben), jetzt männliche (♪ ♫ ♩ ♩).

Aber wir sahen, daß auch der Widerstreit zwischen auftaktigem und abtaktigem Gedanken bis zu eben diesen zwei letzten Takten dauerte, daß erst mit eben diesen zwei letzten Takten eine Klärung eintrat. Dieses Hin-und-Her der Motive hing also mit der metrischen Unfestigkeit auch des harmonischen Bodens zusammen. Die gesonderte, selbständige Handhabung von Takt einerseits und Tonausfüllung andererseits wurde uns von mehreren Seiten vorgeführt. Nachdem uns Haydn auf diese Weise aufgerüttelt, nachdem er unser Bewußtsein für dieses Neue aufgeweckt hat, zeigt er nun in den zwei letzten Takten — aber nur in diesen — was die Vereinigung vermag.

Fassen wir zusammen:

In dem besprochenen Satz beruht die Satztechnik auf der getrennten Handhabung von Tonausfüllung und metrischer Gewichtsverteilung. Zwei Baumittel werden benützt: a) der Wechsel zwischen Vorhandensein und Wegfallen des Achtel-Auftaktes, b) der Wechsel in der Taktgestaltung: | ♩ ♩ | und ♩ | ♩ . — Sie werden aber nicht auch innerhalb der einzelnen Gedanken angewendet: Der erste ist durchweg auftaktig (Takt 1—8; ebenso 9—16); der zweite durchweg abtaktig (Takt 17—20); der Schluß wieder durchweg auftaktig; er bringt allerdings die entscheidende kontrapostische Umkehrung | ♩ ♩ | → ♩ | ♩ . Ebensowenig werden die zwei Mittel
(T 21 f.) (T 24)
tel zusammengekoppelt: die auftaktlose Gestalt (Takt 17—20) wird nicht etwa auch mit der Taktgliederung ♩ | ♩ . verbunden. Die einzelnen Gedanken haben also noch etwas von der vorklassischen Steifheit. Es fehlt ihnen die spätere Gelenkigkeit, Geschmeidigkeit. Als Ersatz werden äußere Mittel angewandt, z. B. die Kontraste in der Dynamik und in der Instrumentation (vgl. Takt 1 bis 4).

Das war nur ein Ansatz. Wohin er führte, zeigt ein Beispiel des reifen Haydn (s. nächste Seite).

Hier fehlen Kontraste wie die soeben im ersten Quartett festgestellten. Die Melodie scheint eine einheitliche, kontinuierliche Linie zu

bilden. Sie ist überaus geschmeidig, man spürt eine ungemein freie Luft. Das rührt daher, daß die Melodie nur scheinbar kontinuierlich ist. In Wirklichkeit treten die besprochenen Mittel (anders als im ersten Quartett, s. S. 92) nunmehr schon innerhalb dieses *einen* Gedankens auf und werden sogar zusammengekoppelt. Das Thema, in $\frac{6}{8}$ wie beim ersten Quartett, beginnt, wie dort, auftaktig (♪ | ♪); erstes und zweites Glied schließen, wie dort, auf schwachem Taktteil (Takt 2 und 4: | ♫♫ ♪ ⅞). Aber die Takte 5—7 führen eine Verwandlung herbei: sie schließen auf Takt 7 mit '1'; der darauffolgende zusammenfassende Schluß (Takt 7 f.) bringt geradezu die metrische Umkehrung der vorhergegangenen Zwischenschlüsse (Takt 2 und 4): ♫♫ | |; also die Taktgliederung ♩. | ♩. statt der ♩. ♩. |. Gleichzeitig bringt er aber als Neues die auftaktlose Wendung: ⅞ ♪ ♫♫ | | ⅞ statt etwa: ♪ ♫♫ | | ⅞. Diese Wendung, das Diskontinuierliche daran, wird sogar unterstrichen, mit Nachdruck versehen durch den Vorschlag: ♪ ⌐ . Hier finden wir also einen in doppelter Hinsicht kontrapostischen Schluß der Takte 1—8. (Lehrreich ist auch der Vergleich mit einem Thema wie etwa dem des dritten Satzes des 5. Brandenburgischen Konzerts Bachs, das gleichmäßig, kontinuierlich weiterläuft.)

Daß solche Satzstruktur die Grundlage für die Vertonung des Wortes als Handlung bildet, liegt auf der Hand. Ohne sie ist Mozarts musikalisches Theater undenkbar. Als Beispiele sollte man seine Opernfinales heranziehen. In ihnen findet eine weitere Verdichtung statt: Die erwähnten Mittel werden nicht nur innerhalb *eines* kleinen Abschnitts angewandt, sondern darüberhinaus macht jede einzelne Stimme (die Personen und auch die instrumentalen Stimmen) eigenen Gebrauch davon, so daß verschiedene Gestalten gleichzeitig auftreten und aufeinanderprallen können. [1]

Man sieht: Ebenso wie die Bachsche, erlaubt auch die Wiener klassische Musik keine von innen her berechtigte Trennung zwischen vokaler und instrumentaler Setzweise. Ein von Hause aus instrumentales Denken ist die Voraussetzung auch der Vokalmusik. Anders verhält sich nur das *Rezitativ,* besonders das einfach akkordmäßig begleitete Secco-Rezitativ. Gleichgültig, ob es in einer italienischen Oper Mozarts oder einer Passion Bachs steht, empfindet man das Rezitativ als eine gegenüber der Reihe der geschlossenen musikalischen Nummern anders geartete, fremde Gattung. Aus diesem Grund hat man sogar die sog. ästhetische Einheit der Mozart-Oper angezweifelt, das Rezitativ als Zwittergebilde zwischen Sprache und Musik bezeichnet. Von unserem Gesichtspunkt aus kann man aber das Rezitativ wohl verstehen. Bedenken wir, daß es, genau besehen, erst seit dem Prozeß der Instrumentalisierung der Musiksprache auftritt, als Gattung, die sich von den sie umgebenden geschlossenen musikalischen Nummern scharf abhebt; erst von da an wird es wie ein geduldeter, mit in Kauf genommener Fremdkörper empfunden. (Der *stile recitativo* Monteverdis — s. S. 77 — ist dem Secco-Recitativ nicht gleichzusetzen. Er bildete die Grundlage der Komposition; aus ihm erwuchsen unvermerkt auch Arioso, Arie oder Duett im Verlauf des Stücks.) Es ist das Rezitativ, das nunmehr den Gegenpol zum instrumentalisierten musikalischen Satz bildet, da die Gegenüberstellung von sprachgebundener und instrumentaler Haltung (s. S. 78) nicht mehr auf andere Weise zum Ausdruck kam: Die Sprache hatte innerhalb dieser neuen Musik zwar die Funktion des Zeichens übernommen (s. S. 75 f.). Im Rezitativ fand sie aber als *sprachliche* Gestalt Zuflucht. Der stile recitativo hatte die Basis für die neue Phase der Vertonung bei Monteverdi und Schütz gebildet. Aus jenem affektbedingten musikali-

---

[1] Die zitierten Beispiele und ihre Beschreibung (wie auch einige Formulierungen S. 115 ff.) sind meinen beiden Aufsätzen entnommen: Aus der Musiksprache des Mozart-Theaters, Mozart-Jahrbuch 1950, S. 76 ff. und Zur Musiksprache der Wiener Klassiker, Mozart-Jahrbuch 1951, S. 50 ff. Die Opernfinales werden im Mozart-Jahrbuch 1950, S. 94 ff. und Tafel I und II behandelt.

schen Sprechen haben sich nicht nur vokale Gattungen wie das Arioso und die Arie herausgelöst: Ihm verdankte auch der neue instrumentalisierte Satz das Sprechende, das ihn kennzeichnet (vgl. S. 79). Nun sank der stile recitativo, nachdem er die Musik ungemein befruchtet hatte, zum bloß schematischen Andeuten der erklingenden Sprachgestalt ab, zum neueren Rezitativ. Das Rezitativ ist die Erinnerung an die ursprüngliche Aufgabe der Vertonung von der Gregorianik bis Schütz: an die musikalische Verwirklichung der Sprache als erklingende Gestalt.

*

Wenden wir uns wieder der Messenvertonung zu.

Die zwei älteren Wiener Klassiker, Haydn und Mozart, haben öfters die Messe vertont. Der dritte hingegen, Beethoven, hat nur zwei Messen geschrieben. Sie alle sind, bis auf eine, liturgische Gebrauchsmessen, selbst wenn sie in manchen Sätzen, die Ebene der großen Wiener klassischen Musik erreichen. Die einzige Ausnahme bildet Beethovens zweite Messe, seine Missa Solemnis, 1818 bis 1823 entstanden. Auch dieses Werk war ursprünglich für den Gottesdienst geplant, nämlich für die Inthronisation Erzherzog Rudolfs als Erzbischof von Olmütz. Es ist ihm auch gewidmet. Aber eine Gebrauchsmesse ist es nicht geworden. Beethoven selbst hat die Missa Solemnis als sein größtes und vollkommenstes Werk bezeichnet. Zum ersten Mal wurde sie auf Veranlassung des Fürsten Galitzin in St. Petersburg am 24. März 1824 konzertmäßig aufgeführt. Eine vollständige Aufführung hat Beethoven nicht erlebt. Nur Teile gelangten in einem Wiener Maikonzert 1824 zum Vortrag.

Doch bevor wir uns mit der Missa Solemnis beschäftigen, wollen wir ein Beispiel aus den liturgischen Messen der Wiener Klassiker kurz betrachten: die sog. Nelson-Messe von Joseph Haydn, 1798 komponiert. Dieser Titel weist auf die Überlieferung hin, derzufolge besonders das Benedictus unter dem Eindruck des Sieges Nelsons in der Seeschlacht von Abukir entstanden ist. Haydns Benedictus enthält Fanfaren und Kraftausbrüche, wie sie in diesem Messenteil sonst nicht üblich sind. Der Text lautet: *Benedictus qui venit in nomine Domini,* 'Gelobt sei, der da kommt im Namen des

Herrn'. Er bildet den zweiten Teil des Sanctus und erklingt innerhalb des katholischen Gottesdienstes nach der Wandlung. Zweierlei fällt beim Anhören des Satzes auf: einmal, daß er, obwohl eine liturgische Komposition vorliegt, sich nicht der liturgischen Funktion zu fügen scheint; dann aber, daß der Text wieder mehr vom Sprechen her, wieder — könnte man sagen — mehr natürlich deklamiert wird und nicht etwa im Sinne der H-Moll-Messe Bachs. Diese beiden Punkte hängen miteinander zusammen: Die Messe ist zwar für den liturgischen Gebrauch bestimmt, doch für den liturgischen Gebrauch der Menschen jener Zeit; sie setzt den Kirchenbesucher jener Zeit voraus. Dies wiederum ist die Voraussetzung der eingängigen, schlicht-natürlichen Text-Deklamation, die wir feststellten. Man weiß auch, daß der Kaiser der achtziger Jahre, jener aufgeklärte Joseph II. selbst, in dieser Beziehung von Einfluß gewesen ist. Die verweltlichte, von den Aufklärungsideen getragene Gesellschaft suchte auch im Gottesdienst das Angenehme, das Sonntäglich-Festliche, das Fröhlich-Unterhaltende. Diese Eigenschaften wollte man auch in der Musik finden, selbst wenn sich der Einzelne mitunter fromm dem eigentlichen liturgischen Geschehen hingeben konnte. Die Worte 'gelobt sei, der da kommt im Namen des Herrn' schließen, für sich betrachtet, eine musikalische Deutung wie die Haydns nicht eben aus — und ohne sich durch den liturgischen Zusammenhang gehindert zu fühlen, freute sich die Gesellschaft über den Einfall. Haydn konnte sich aber solche Freiheiten gestatten, weil er ganz und gar von der liturgischen Tradition getragen war, weil er sich darin sicher fühlte. Die Messe als Liturgie ist ihm selbstverständlich. Er hat ja als Sängerknabe im Wiener Stephansdom begonnen. Die Haltung, die der Kirchenbesucher von jedem Satz erwartete, die Stimmung, die ausgebreitet werden sollte, sind stets getroffen; so z. B. im *dona nobis pacem* aus dem Agnus Dei, die typische Atmosphäre des Messen-Schlusses, der Kommunion, des 'Ite missa est', der Entlassung, der Befriedigung, des Rückblicks. Damit aber erreicht Haydn etwas, das wir in der früheren Musik noch nicht angetroffen hatten: Er erreicht eine Schlußwirkung, die sich auf die gesamte Messe bezieht; er erreicht eine Geschlossenheit der musikalischen Messe.

Es ist zu erwarten, daß Messenvertonungen wie diese in der Regel keine tiefe Deutung des Sinngehalts anstreben. So bietet die

Stelle 'Et incarnatus' aus der Nelson-Messe keinen wesentlichen Beitrag zur Deutung des Geheimnisses der Menschwerdung. Man würdigt vielmehr das Schlicht-Volkstümliche des Stücks, den volksliedmäßigen Zug.

Wenn man erfahren möchte, was der große Haydn musikalisch auszusagen vermag, so muß man außerhalb seiner Messen suchen, dort, wo er für alle Zeiten Gültiges hinterlassen hat: in seinen instrumentalen Werken und den späten Oratorien.

Wenden wir uns aber der Missa Solemnis zu: Es läge nah, das Et incarnatus herauszugreifen und es der Kette der Vertonungen dieser Stelle, die wir bisher kennengelernt haben, einzugliedern. Doch dies wäre hier nicht angebracht. Denn es ist nicht sinnvoll, diese Stelle aus dem Ganzen der Missa Solemnis herauszulösen. Man muß zuvor das ihr vorausgehende *descendit de coelis* ('er stieg vom Himmel herab'), in sich aufgenommen haben; und das descendit wiederum ist nur als Teil des Credo musikalisch zu begreifen, so wie auch die musikalische Aufeinanderfolge der Sätze vom Kyrie bis zum Agnus den Charakter des Notwendigen in sich trägt. So stark ist die Geschlossenheit der Missa Solemnis, ist die Einheit dieses Werkes. Um Beethovens Et incarnatus richtig zu beleuchten, müßte man den ganzen vorausgehenden Teil der Messe ausführlich behandeln. Wir müssen uns aber mit einigen Hinweisen begnügen. Wenn man die Missa Solemnis auf sich wirken läßt, hat man das Gefühl, daß, was dem Et incarnatus vorausgeht, den Charakter der Vorbereitung hat. So neu ist die Wirklichkeit, die mit der Menschwerdung uns berührt, so glühend heiß ist das von der gesamten Messe umhüllte *Et homo factus est.*

Das Kyrie bildet die Eröffnung. Der erste Akkord bewirkt eine in der Musik vor Beethoven unbekannte Zusammenraffung. Während in Bachs H-Moll-Messe nur die vier einleitenden Takte die flehende Eröffnungsgebärde darstellen, erhält hier das Kyrie als *Ganzes* den Einleitungscharakter. Man findet nicht nur das Flehende der Gebärde. In diesem Kyrie ist das die Menschen Zusammenschweißende, das Sammelnde, das Weihende des Litaneirufs *Kyrie eleison* eingefangen. Als Litaneiruf war das Kyrie entstanden. Im ersten Kapitel wurde eine Schilderung aus dem sechsten Jahrhundert erwähnt: die Scharen, die aus sieben römischen Basiliken betend durch die Stadt zogen, rufend durch die Straßen Kyrie

eleison, bis sie sich vor der Hauptkirche in einem einzigen Litaneibeten vereinigten. Es ist, als ob dieser denkwürdige Augenblick bei
Beethoven wieder auflebte und gleichzeitig ins Allgemeingültige
erhoben wäre.

Die Instrumentalisierung der Musiksprache, die wir bei Bach feststellten, ist natürlich auch hier vorhanden. Sie ist aber verbunden
mit der eingängigen, sprechenden Textdeklamation, wie wir sie
auch bei Haydn feststellten. Der Satz Beethovens wirkt einfacher
als der Bachs, ohne es in Wirklichkeit zu sein, er vertritt eine neue
Stufe, auf der er den Eindruck der Einfachheit zu erwecken vermag. Das bedeutet eine Synthese des Vorausgegangenen: Diese Musik deutet den Sinngehalt als instrumentale Musiksprache; gleichzeitig verwirklicht sie die Sprache als Erklingendes im Sinne der
vorbachschen Musik.

Auch das Gloria ist wie das Kyrie nur als Ganzes aufzufassen.
Äußeres Zeichen dafür ist, daß der Schluß auf den Anfang zurück-
greift. Erst mit dem Erklingen des letzten Akkords erfaßt man die
Einheit des Satzes. Der Satz beginnt mit dem Allegro vivace im
$\frac{3}{4}$-Takt.

Es folgt der Mittelteil Qui tollis. Daraus sei ein Beispiel herausgegriffen, um auf das neue Verhältnis der Wiener klassischen Musik zum Sinngehalt hinzuweisen: Der Text *miserere nobis,* 'erbarme
dich unser', wird von Beethoven mehrmals hintereinander gebracht
und jedes Mal verschieden deklamiert. Man hat den Eindruck, daß
Menschen uns gegenüber stehen, die gerade jetzt, in unserer Gegenwart diese Worte sprechen und jedes Mal den Gehalt neu erfassen.
Die Kontinuität der Rede, wie sie in der Musik vor den Wiener
Klassikern vorhanden war, scheint sich hier in ein ständiges Neu-
entstehen der Rede verwandelt zu haben: Der Mensch, indem er
spricht, entdeckt gleichsam seine eigene Wirklichkeit. Es ist, als ob
er handelte. Vergegenwärtigen wir uns die plötzliche, unerwartete
Rückung, welche zwei *miserere nobis* voneinander trennt (Gloria
Takt 291/292).

Die Kontinuität der Rede ist hier scheinbar in ihr Gegenteil, in
eine Diskontinuität verkehrt worden. In Wahrheit aber liegt die
Einheit jetzt nicht mehr auf der Ebene des auch materiell Gegebenen, sondern auf der des rein Geistigen; sie liegt in der Einheit
des auffassenden Geistes.

Der dritte Teil des Gloria, *in Gloria Dei patris, Amen* wird durch das *Quoniam tu solus sanctus,* 'denn Du allein bist der Heilige', eingeleitet. Dieser Teil schließt mit der Wiederaufnahme des Beginns des Gloria, jetzt als Presto. Er bildet das ebenbürtige Gegenstück zu der Vertonung Bachs (s. S. 86).

Von zwei Seiten her wurde im Kyrie und Gloria das liturgische Geschehen erfaßt: als Gang der Gemeinschaft zum Heiligtum und als dionysischer Engelshymnus, als Widerhall vom Altarraum her. Es folgt das Glaubensbekenntnis. Die Rede erhält hier etwas eminent Gegenwärtiges. Das erste, mehrmals auftretende Wort, *credo,*

wird jeweils wiederholt: *Credo, credo.* Aber diese Wiederholung ergänzt den Sinn. Es regiert hier die Vorstellung, daß die Rede in unserer Gegenwart neu entsteht, daß damit der Sprechende seine eigene Wirklichkeit entdeckt. Schon mit den drei ersten einleitenden Takten ist dies eigentümlich Handelnde da. Der Glaube als fester Fels ist nicht etwa objektiv dargestellt: Er wird vom Menschen bejaht durch die Tat seiner freien Entscheidung.

Man versteht, daß bei dieser geistigen Haltung die Menschwerdung den Kern der Messe bilden muß. Sie eröffnet den Blick in das Geheimnis des Glaubens. Das Et incarnatus wird durch das Qui propter eingeführt. Schon das *Qui propter nos homines et propter nostram salutem,* 'Der für uns Menschen und um unseres Heiles willen', verbreitet eine bis zu dieser Stelle unbekannte Wärme. Ihre Quellen sind Innigkeit und Weihe des Augenblicks. Das gewaltige zweite *descendit de coelis,* das wiederum als Gegenwärtiges, vor unseren Augen unerwartet Entstehendes, unvermittelt geradezu hereinbricht, reißt den Vorhang auf. Man vernimmt die Worte der Menschwerdung, zunächst nur das *et incarnatus est de spiritu sancto ex Maria Virgine.* Während Bach das *et homo factus est* unmittelbar noch innerhalb der gleichen Nummer anschließt, trennt es Beethoven in seiner Vertonung vom Et incarnatus. Er, der die Sprache als Handeln begreift, muß zwischen jener Rede, die das Geheimnis des Gottmenschen umschreibt, *Et incarnatus est de spiritu sancto ex Maria virgine,* und der anderen, die das einmalige diesseitig-historische Ereignis ausspricht, *et homo factus est,* streng unterscheiden.

Wie greifbar sind hier sowohl der Gegensatz als auch die Ein-

heit geworden, die die menschliche Wirklichkeit und das sie umhüllende Geheimnis verbinden!

Wenn man die Rede und damit die Wirklichkeit als Gegenwärtiges, als Sich-Ereignendes, wenn man das wesentliche Merkmal
des Menschen, den Menschen als handelndes Wesen erfaßt hat, gibt
es kein Zurück mehr zu den früheren Stufen. Es ist aber auch kein
Vorwärts denkbar. Was hat die Folgezeit gebracht?

12. Stufen musikalischer Wirklichkeit

Durch die letzte Bemerkung wurde auf den tiefen Einschnitt
hingewiesen, der mit dem Ende der Wiener klassischen Musik
eintritt. Um aber seine Entstehung und seine Bedeutung besser
zu begreifen, ist es notwendig, daß wir die Frage nach dem
Sinn des musikhistorischen Geschehens bis zu dieser Zeit stellen.
Im Verlauf der Darstellung wurden die musikalisch-technischen
Grundlagen des Satzes seit Palestrina nur wenig berücksichtigt.
Verbindliches aber über die geistige Haltung läßt sich nur auf
Grund einer sorgfältigen Analyse der Satztechnik ermitteln. Nur
ein Nachdenken über die letzten Voraussetzungen des Sinnträgers
erlaubt ein Vordringen bis zur eigentlichen Lebensmitte, bis zu
jenem Punkt, von wo aus geistige Haltung als greifbare Satztechnik, als vergegenständlichter Sinn erscheint.

Wir wollen den musikalischen Satz von Palestrina bis zu den
Wiener Klassikern betrachten. Wir beginnen mit Palestrina, weil
erst auf dieser Stufe der Geist die musikalische Materie restlos
durchdringen konnte. Das wurde schon früher berührt (s. S. 45 u.
48). Man war Herr über den Ton als rhythmisches, melodisches
und zusammenklingendes Element geworden. Palestrina kann mit
dem einzelnen Ton operieren.

Versuchen wir, dies zu verdeutlichen. Die abendländische Mehrstimmigkeit war aus dem Zusammentreffen des einstimmigen liturgischen Gesangs mit einer auf Zusammenklang beruhenden Musik
entstanden. Dies führte nach der Jahrtausendwende zu einer Isolierung der einzelnen Zusammenklänge. Sie lösten sich aus dem
einheitlichen Klangraum heraus und verselbständigten sich (s.
S. 26). Doch wir sahen (S. 26), daß der einzelne Zusammenklang
jener Zeit nicht mit dem Akkord in der Musik seit etwa 1600 iden-

tisch ist. Der Zusammenklang schließt in sich eine Bewegung, ein Oszillieren der Klangbestandteile ein. Dies äußerte sich in der Improvisationspraxis der Kolorierung. Gehen wir davon aus: Wir können das Werden der Mehrstimmigkeit bis zu Palestrina leichter verstehen, wenn wir die Verwandlung von Improvisationsgepflogenheiten zu schriftlich fixierter Ausarbeitung der Komposition in Betracht ziehen. Nicht zuletzt daraus wächst die Kunst der Melodieführung und der polyphonen Verflechtung melodischer Linien. Dem Stadium der improvisatorischen Umspielung der einzelnen Zusammenklänge entstammt die Regel, daß auf betontem metrischem Teil nur Konsonanzen vorkommen dürfen. Konsonanzen sind aber die Bestandteile des als Einheit gehörten Zusammenklangs. Die Regel besagt also, daß diese Zusammenklänge, die ja die Gewichtsverteilung bestimmen, an den rhythmischen Hauptpunkten liegen müssen. Was dazwischen erklingt, wird nicht rational, nicht durch Regeln erfaßt. Es gehört noch der Ebene der Improvisation im weiteren Sinn an, selbst wenn es schon schriftlich fixiert wird; es bildet noch keine selbständige Linienführung, sondern ist der Zusammenklang selbst, der sich lediglich in der Zeit entfaltet und mit seinen Umspielungen noch ein unentwirrbares Ganze bildet. Der einzelne Ton ist noch nicht isolierbar; man kann ihn nicht aus dem Ganzen der Kolorierung herauslösen. Die zwischen den Hauptzusammenklängen, den Klangsäulen, durch die Kolorierungen entstehenden Zusammenklänge sind daher Ergebnis des Zufalls. Man verfolgt ihre Entstehung im einzelnen nicht, man nimmt sie nicht beim Wort. Das Werden der Mehrstimmigkeit vom Mittelalter bis zu Palestrina ist durch den Prozeß einer Läuterung der Stimmführung gekennzeichnet. Die irrationalen Klangumspielungen wurden allmählich in ein Geflecht von rational geführten Stimmen verwandelt. Das wurde aber erst durch die Zerlegung der einzelnen Linie in ihre Bestandteile ermöglicht. Durch die Isolierung des Tons konnte man seine Stellung rhythmisch, melodisch und klanglich jeweils frei bestimmen und verantworten. Die früher angegebene Regel der Konsonanz auf Betonung behält zwar grundsätzlich ihre Gültigkeit. Auf dieser Basis entsteht aber ein musikalischer Satz, der die Stimmführung im einzelnen und die entstehenden Zusammenklänge restlos erfaßt. Dies ist bei den Niederländern noch nicht der Fall.

Erst im Satz Palestrinas werden die letzten Zufälligkeiten aus-
geschieden. Daher ist seine Musik auch glatter als die frühere; sie
verwendet weniger Dissonanzen, weniger auffallende melodische
und rhythmische Wendungen. Doch wäre es irrig, dies als Zag-
haftigkeit und etwa die Dissonanzen der Musik vor Palestrina als
Kühnheiten zu bezeichnen. Das Glatte des Palestrina-Satzes ist
identisch mit dem Erreichen der Stufe der strengen Polyphonie[1].

Die Linie wird jetzt aus einzelnen Tönen zusammengestellt, sie
wird kom - poniert im strengen Sinne des Wortes: Es entsteht eine
überaus geschmeidige und daher unauffällige, natürlich anmutende
Linienführung, die jede Stockung vermeidet, die sich 'mit ruhig
quillendem Wasser' (Jeppesen) vergleichen läßt. Aus dem Kom-
plex der Satz-Merkmale seien nur einige herausgegriffen (jeder
Satz Palestrinas kann als Beispiel benützt werden, hier etwa die
Beispiele S. 46, 54 u. 73): Die Töne werden vorwiegend stufenweise fortbewegt; es besteht die Tendenz, Sprünge nachträglich
auszufüllen; von betontem Viertel aus springt man nicht aufwärts
(vgl. Beispiel S. 54). Eine steigende Bewegung verlangsamt, eine
fallende beschleunigt sich. In einer Linie Palestrinas ist nichts bloßes
Ornament oder Kolorierung; der Einzelton ist Substanz. Daher
bilden sich auch keine stereotypen Floskeln oder Sequenzen
(Wiederholungen einer Wendung auf verschiedenen Stufen), denn
das Formelhafte würde die Selbständigkeit des Einzeltones aufheben.

Auch für die Beurteilung des Zusammenklangs bildet der Einzelton den Ausgangspunkt. In der Polyphonie Palestrinas müssen
die Linien möglichst ohne gegenseitige Störung geführt werden.
Daher dürfen die entstehenden Zusammenklänge nicht auffallen;
so konsonieren sie in der Regel. M. a. W.: Jeder einzelne Ton
wird selbständig gehandhabt; sein Verhältnis zu dem gleichzeitig
erklingenden wird geprüft. Der Ton als Linienbestandteil bejaht
den einzelnen durch die Linienführung entstehenden Zusammenklang und wird dadurch sein rationaler Bestandteil. So hört er
aber auch in klanglicher Hinsicht auf, ein Zufallsergebnis, etwas

---

[1] Die exakte Analyse der Palestrina-Polyphonie verdanken wir den
grundlegenden Arbeiten Knud Jeppesens: Der Palestrinastil und die Dissonanz, Leipzig 1925, und Kontrapunkt; Lehrbuch der klassischen Vokal-
polyphonie, Leipzig 1935.

Ungebändigtes zu sein. Zu der früheren Grundregel, daß die betonten Hauptklänge konsonieren müssen, treten jetzt mehrere besondere Gesichtspunkte hinzu, die das Zusammenklingen der Stimmen auch zwischen den Hauptklängen regeln. Grundlage sind die konsonierenden Klänge: Dreiklang (z. B. $f' - a' - c''$, Et adorate, Takt 2, S. 54) und Terz-Sext-Klang (z. B. $f' - a' - d''$, ebendort). Sie dürfen ohne weiteres auftreten. Dissonanzen dürfen sich jedoch nur unter bestimmten Voraussetzungen bilden: Sie dürfen nur auf unbetonter Zeit vorkommen und außerdem nur stufenweise ein- und weitergeführt werden. Dies sind die sog. Durchgangsdissonanzen (z. B. et incarnatus, Takt 5 im Tenor, S. 73).

Außer ihnen gibt es noch eine absichtliche Dissonanzbildung: die Synkope. Sie entsteht auf betonter Zeit durch Verzögerung des Eintritts der erwarteten Konsonanz (z. B. Et incarnatus, Takt 5/6 im Alt). Die Synkope wurde erst durch die strenge Sonderung der Konsonanz- von der Dissonanzbehandlung ermöglicht. Sie setzt auch die geregelte Einteilung der Zeit durch ein gleichmäßiges Auf und Ab in Halben (♩ ♩) voraus[1]. Die Synkope bewirkt eine leichte Stauung, die durch die Fortsetzung wieder aufgefangen wird:

Schematisch dargestellt:

Durchgangsdissonanzen muß man anders darstellen:

Die Darstellung durch Punkte soll versinnbildlichen, daß der einzelne Ton als selbständiges Element behandelt wird. Bei der Durchgangsdissonanz hört man auf der guten Zeit den konsonierenden

---

[1] Das gleichmäßige Fließen der Musik Palestrinas erinnert an Prosa. Aber auch die instrumentale Generalbaß-Polyphonie hat trotz des profilierten Taktes (vgl. S. 81) noch etwas von Prosahaltung. Vgl. Th. Georgiades, Der griechische Rhythmus (s. Anm. S. 7), S. 41 f.

Zusammenklang. Auf der unbetonten Zeit löst sich das Verhältnis auf. Aber der Ton ist als Durchgang linear gerechtfertigt. Er führt stufenweise zu einer Konsonanz. So ist jeder Ton für sich durch sein Verhältnis zu den gleichzeitig erklingenden Tönen und durch seine Ein- und Weiterführung völlig erfaßt. Er will einzeln gehört werden. Erst diese Zerlegung bis zum letzten Bestandteil, bis zum einzelnen Ton, erlaubt nunmehr die Entstehung eines neuen synthetischen Hörens. Erst jetzt kann man auch den Zusammenhang, der durch die obige schematische Darstellung der Synkope ( ) versinnbildlicht wird, würdigen.

Auch die konsonanten Zusammenklänge, die Dreiklänge und Terz-Sextklänge, sind einzeln zu hören. Sie werden keiner höheren Einheit untergeordnet. Die Dreiklänge werden oft nach dem Verwandtschaftsprinzip (s. S. 41) der Verbindung durch Quart- oder Quintschritt des Basses zusammengestellt (vgl. im Et incarnatus die Dreiklänge auf *G, C, F, C, g*). Es entsteht ein Pendeln zwischen solchen Klängen. Sie verlieren aber ihre Selbständigkeit nicht. Sie bilden kein dynamisches Ganze, keine Spannungen; sie sind statisch. So können sie auch schroff, unvermittelt nebeneinandergestellt werden (vgl. Et incarnatus, Takt 6 f. die Dreiklänge auf *A* und *F*). Die Terz-Sextklänge erscheinen entweder dazwischen oder bilden, wie im 14. oder 15. Jahrhundert, Klangreihen, 'Gänge' (s. S. 37, vgl. dazu das descendit von Palestrina, Takt 1 f.). So wie bei den Tönen entsteht also auch bei den Klängen der Eindruck eines losen Nebeneinander. Die Zusammenstellung der Töne und der Klänge hat einen — könnte man sagen — bloß 'beschaulichen' Charakter. Es wird kein Spannungsnetz hergestellt. Jeder Ton bezieht sich in erster Linie auf sich selbst, ist auf sich selbst gestellt.

Welche geistige Struktur entspricht nun dieser musikalischen Haltung? Palestrina arbeitet mit einzelnen Tönen, mit Elementen, die sich nicht weiter zergliedern lassen. Sie lassen nicht in sich hineinschauen, sie besitzen kein 'Inneres'; sie sind mit einzelnen Steinen vergleichbar, an die wir nur von außen herankommen; wir können sie nur von außen her ordnen. Der Grund des Fortschreitens von einem Ton zum nächsten liegt nicht im Ton selbst, sondern kommt von *außen*. Dies gilt nicht nur im Hinblick auf das rhythmisch-melodische Verhältnis, sondern auch für den Zusammenklang. Auch hier fragt es sich, ob die einzelnen Töne, die zusammentreffen, sich miteinander vertragen. Wenn das nicht zutrifft, besteht ein Fortschreitungszwang. Aber dieser Zwang kommt von außen her. Die einzelnen Linien werden durch den senkrechten Stoß in ihrem Fortschreiten bestimmt. Es ist, als ob die Fortbewegung im Satze Palestrinas durch einen 'äußeren Grund' entstehe: wie sich das Wasser nach dem Fallgesetz bewegt, oder wie Steine durch Stoß oder durch die Neigung der Ebene in Bewegung gesetzt werden, ohne daß sie selbst von innen her eine Tendenz zur Bewegung entfalten. Der Satz Palestrinas ist also mit einem *Natur*vorgang vergleichbar. Er ist wie ein Sinnbild der Natur, der leblosen Natur. Das Element verhält sich wie ein lebloses Ding; es wird durch äußere Einwirkungen in Bewegung gesetzt. Diese Einwirkung, der Grund der Bewegung, ist exakt feststellbar, somit sind es auch die Folgen. So scheint alles, was im Palestrina-Satz geschieht, berechenbar, wie auf Grund eines Kausalgesetzes. Die Satzkunst Palestrinas bietet eine Analogie zur klassischen Naturwissenschaft. Wir finden in seiner Musik keine Zielstrebigkeit, keine innere Tendenz, nichts Teleologisches, keine Organismentätigkeit, keine Analogie zum 'Organischen'. Wenn also der Satz Palestrinas 'natürlich' wirkt (s. S. 45 und 104), wenn er mit Natur, mit Naturphänomenen verglichen wird, so hat dies seine tiefere Berechtigung. Der Satz Palestrinas erinnert an kristallklares Wasser, an reine Kristalle, an Wunder der Natur. Er ist nicht 'lebendig', nicht 'organisch', sondern 'natürlich'.

*

Als zweite Stufe wollen wir die Generalbaßzeit, die Zeit von etwa 1600 bis 1750, bezeichnen. Bei Monteverdi und Schütz, bei denen Musik noch identisch mit Sprachvertonung ist, steht die sinngemäße Deklamation im Vordergrund. Bei ihnen erscheint das Spezifische der neuen Stufe nicht in allen seinen Merkmalen mit derselben Eindeutigkeit wie später in der Instrumentalpolyphonie Bachs.

Am Beispiel der Synkope wurde gezeigt, wie ein neues synthetisches Hören, das die Zerlegung in Einzeltöne voraussetzt, entstehen konnte (S. 105). Einige weitere Beispiele aus dem Palestrina-Satz sollen dies veranschaulichen. Sie sind gewissermaßen Lizenzen; sie gehen über die strengen Regeln hinaus. (Wie oben versinnbildlichen auch in den folgenden Schemen Punkte das bloße Nebeneinander von Tönen, während Bogen auf die Notwendigkeit zu zusammenhängendem Hören hinweisen.)

Solche Stellen sind von der Palestrina-Haltung her verständlich; sie sind im Sinn des Palestrina-Satzes zu hören. Sie konnten aber zum Erfassen neuer Aspekte, zur Bildung neuer Zusammenhänge führen. Den Ansatzpunkt bietet die Neigung, solche Stellen als Einheit zu hören. Im letzten der angeführten Beispiele bildet die Mittelstimme (*c″*) auf der zweiten Halben eine Quart, also eine Dissonanz zu der Unterstimme (*g′*). Trotzdem bleibt sie liegen auf der dritten Halben. Diese Unregelmäßigkeit wird erst durch die schärfere Dissonanz, die nun die Oberstimme (*d″*) mit ihr bildet (Sekund), durch die Lösung auf der vierten Halben (*h″*) und durch das Erklingen des *g′* schon seit der ersten Halben ermöglicht. Wenn man daher die vierte Halbe erreicht, darf die Erinnerung an die erste nicht erloschen sein, und zwar müssen, soll die Stelle sinnvoll erscheinen, alle die erwähnten Voraussetzungen dem Hörer gegenwärtig sein. Die Neigung zum ganzheitlichen Hören wird verstärkt, wenn man eine vierte Stimme hinzufügt:

Was hier die Töne noch fester aneinanderfügt, ist das *f′*, das zum *h′* einen *Tritonus* (eine übermäßige Quart) bildet. Es entsteht der Zwang, die Stelle als eine Einheit zu hören. In einem solchen Ganzen regt sich ein Leben. Es entwickeln sich Strebungen, Tendenzen nach bestimmten Fortsetzungen.

Dieses Richtungsgebundene ist ganz besonders mit dem Tritonus verknüpft. Auch bei Palestrina kommt er vor. Aber konsequent wird er erst in der Generalbaßzeit verwendet; erst hier werden die Folgerungen gezogen. Der Tritonus (auch in der Umkehrung $h - f$) ist ein eigentümliches Gebilde. Als einziger Zusammenklang kommt er nur an *einer* Stelle innerhalb der diatonischen Reihe vor. Er ist eine einprägsame, unverkennbare Gestalt, eine Einheit, die aber eindeutigen Fortschreitungstrieb besitzt. Er kann nicht in sich ruhen (er ist keine Konsonanz), sondern ist zielstrebig. Er vereinigt in sich die zwei Leittöne (es sind diejenigen, die durch einen Halbtonschritt zum nächsten Ton hinleiten) der diatonischen Reihe und bestimmt dadurch seine Fortführung: . Man kann sagen: Der Grund seiner Einheit ist auch der Grund seines Fortschreitens. Der Tritonus wurde im Mittelalter vermieden: Er galt als der 'diabolus in musica'. Das ist verständlich: Eine Tendenz nach Fortbewegung, die einem Klang anhaftet, war für die frühere musikalische Einstellung ein Unding. Was ihn aber früher zum diabolus stempelte, macht ihn jetzt beliebt. Vergegenwärtigen wir uns am Tritonus die Umstellung, die im musikalischen Hören vor sich geht: Im Satz Palestrinas konnte ein Ton eine Durchgangs- oder eine Synkopen-Dissonanz zu einem anderen bilden. Die Dissonanz entstand von außen her, durch das Zusammentreffen zweier selbständiger Töne: eines gleichsam legitimen und eines, der einer Rechtfertigung bedarf. Beim Tritonus hilft uns diese Vorstellung nicht. Nicht ein einzelner Ton wird durch die besonderen rhythmisch-melodischen Umstände zum dissonanten Ton; sondern der Tritonus-Klang, als Einheit, enthält in sich selbst, also von *innen* her, den Grund für seine Fortschreitung. Von jetzt ab ist das Kriterium nicht mehr: dissonanter oder konsonanter Ton, sondern: in sich ruhender oder vorwärtsdrängender Klang. Daher ist auch die Bezeichnung 'Dissonanz' für den Tritonus inadäquat.

Der Tritonus wirkt wie ein Ferment. Er bringt in die leblose 'Natur' den Keim des 'Organischen'. Er flößt auch den anderen Klängen Leben ein. So verbindet er sich mit der eingebürgerten Fortschreitung V – I und bildet den Dominant-Septakkord $g - h -$ $d - f$ (vgl. das Beispiel S. 108 unten). Es entsteht die *harmonische*

Kadenz, ein System der Verbindung der Klänge auf Grund der ihnen innewohnenden Tendenzen, z. B.

Bach, Matthäuspassion

O Haupt voll Blut und Wun - den, voll Schmerz und vol - ler Hohn.

Nicht einzelne Töne, wie im Satz Palestrinas, sondern Klänge werden hier miteinander verbunden. Die Klänge sind jetzt aber als *Akkorde* das Ergebnis einer Abstraktion, sie sind rationell fixierbar, mit einem senkrechten Schnitt vergleichbar. Auch können sie unverändert länger erklingen. Sie sind nicht mehr identisch mit den Zusammenklängen des Mittelalters, die die Kolorierung (die spätere Stimmführung), die Bewegung, die Veränderung in der Zeit in sich enthielten (s. S. 103). Der Satz entfaltet sich jetzt durch die Verbindung der Akkorde nach dem Kadenzprinzip. Daß die Grundlage des Satzes aus der Akkordverbindung besteht, kommt in der Generalbaßpraxis zum Ausdruck (s. auch S. 78).

Der neue Akkord-Begriff bildet auch die Voraussetzung für die Entstehung einer sekundären Umspielungsschicht, die dem harmonischen Gang untergeordnet ist:

Bach, Wohltemp. Klavier I. Fuge c-moll

So werden in der Generalbaß-Polyphonie, im Gegensatz zum Satz Palestrinas (s. S. 104), Motiv- und Sequenzbildungen wesentlich — Erscheinungen, die durch die instrumentale Musik des 17. Jahrhunderts stark gefördert wurden. — Akkordumspielungen und ganzheitliches Hören erinnern an den irrationalen Zustand der Polyphonie vor Palestrina. Jetzt setzen sie aber die Stufe des Palestrina-Satzes voraus; sie sind dadurch geläutert.

Die Kadenz, der die einzelnen Akkorde zugeordnet werden, bildet eine dynamische Einheit, ein Spannungssystem. So verlieren die Akkorde das in sich Ruhende, den statischen Charakter der früheren Klänge. Sie werden relativiert, in Beziehung zueinander gesetzt. Alles strebt einem Ziel zu, dem Tonika-Akkord, der als einziger die Ruhe bringt. Diese Zielstrebigkeit, dieser Zwang, mit dem sich der Tonika-Akkord aufdrängt, schaffen das, was wir *Tonalität* nennen. Aber erst durch die Bildung eines Systems von Kadenzen, die in fremde Tonarten abweichen, kommt die Tonalität stärker zum Bewußtsein. Diese Kadenzen gehören ihrerseits einer höheren Einheit an. Vom Akkord bis zur Komposition als Ganzes finden wir stets eine Wechselbeziehung zwischen dem Teil und dem Ganzen. Das einzelne Glied erhält durch das Ganze seinen Sinn, und umgekehrt. Aber auch dies ist ein Merkmal des 'Organischen'. Wir sahen (S. 107), daß der Satz Palestrinas eine Analogie zur naturwissenschaftlichen Kausalverknüpfung bietet. Es ist, als ob er exakt berechenbar wäre. Die Vergleichbarkeit des Generalbaßsatzes mit der Welt des *Organischen* schließt dieses Kausal-Berechenbare aus. Die musikalische Struktur bietet hier eine Analogie zur teleologischen Denkweise der Biologie. Daher ist der Generalbaß-Satz nicht exakt erlernbar.

Nur das hat diese Stufe mit der Musik Palestrinas gemein, daß sich der Satz kontinuierlich entfaltet. Die neue Hörweise ist durch den Satz Palestrinas mitbedingt (s. auch S. 107 f.). Die einzelnen Akkorde werden nicht als fertige Sigel verwendet, sondern entstehen jeweils durch die polyphone Stimmführung. Sie sind aber nicht mehr zufällige Ergebnisse der Stimmführung, sondern ihre Bedeutung hängt von ihrer Funktion, ihrer Stellung innerhalb der Kadenz ab. Es werden bestimmte Akkordfolgen angestrebt. Die Polyphonie der Generalbaß-Zeit ist eine *harmonische* Polyphonie. Sie wurde durch die Ausbildung der instrumental-tektonischen Denkweise entscheidend gefördert. (Dieses wichtige Thema wollen wir aber hier nicht behandeln. Vgl. auch S. 77 und 110.) Die Instrumentalisierung der Musik durch Bach, die auf einer Synthese der Monteverdi-Komponente und der Instrumentalmusik beruht, hängt also mit der Ausbildung des reifen Generalbaß-Satzes der Bachzeit eng zusammen.

Wir können nun das über Palestrina Gesagte (s. S. 107) abwandeln: Nicht 'natürlich' ist der Satz der Generalbaß-Zeit, sondern 'lebendig'; er ähnelt einem Organismus. So läßt sich dieser musikalische Satz nicht mit dem kühlen, ruhig quillenden, reinen Wasser vergleichen. Es drängt sich eher das Bild des warmen, die Adern durchpulsenden Blutes auf (vgl. den Bachchoral S. 110). Die zwischen Ich und Werk vorhandene Distanz, die die Musik Palestrinas kennzeichnet, fällt hier weg. Die neue Satzstruktur, als Abbild des Lebewesens, geht uns unmittelbar an, sie ist wie ein Teil von uns selbst. Diese Musik geht gleichsam eine 'Geschmacksverbindung' ein, während die von Palestrina gleich purem Wasser ohne Geschmack ist. Die Musik Palestrinas konnte nur das Objektive der Sprachvorstellung erfassen (vgl. das descendit-Beispiel S. 46 f. und S. 49), die Generalbaß-Zeit vertont die Sprache als Affektausdruck, als Leidensschrei (s. auch S. 52):

Monteverdi, Lamento d'Arianna

La-scia — te-mi mo-ri-re, la-scia-te-mi mo-ri-re.

Diese berühmte musikalische Affekt-Geste kann als Überschrift über der ganzen Generalbaß-Zeit stehen.

Die Tat Monteverdis ist freilich durch das immanent musikalische Werden des Satzes allein nicht verständlich. Von der Erneuerung der Musik um 1600 ist die unmittelbare Befruchtung durch das Wort nicht wegzudenken. Der Musiker entdeckte das Wort als Affekt-Gehalt. Dies wiederum trug entscheidend zur Erweckung und Förderung der im musikalischen Satz schlummernden Möglichkeiten der Versinnbildlichung des Organischen bei. (Erst da er sub specie des Organischen gehört wurde, konnte auch der Molldreiklang mit der Vorstellung des Leidens verbunden werden, die früher nicht damit verknüpft war.)

Auch die Vorstellung des 'von innen her', die der neuen Musik anhaftet und besonders auch durch die deutsche Sprache verstärkt wurde (s. S. 55), findet im Organischen des Generalbaß-Satzes ihre Begründung. Als Beispiel dieser satztechnisch bedingten Innerlichkeit könnte man irgendeinen vierstimmigen Choral von Bach, z. B. aus einer Passion, hierherstellen (s. Beispiel S. 110).

Vergegenwärtigen wir uns aber noch ein weiteres Merkmal der Generalbaß-Polyphonie. Sie entfaltet sich kontinuierlich (s. S. 111). Einmal in Bewegung gesetzt, zielt sie zwingend nach vorwärts; sie findet Ruhe erst mit dem letzten Akkord. Es ist, als ob zu jedem Zeitpunkt die Fortsetzung bis zum Ziel latent enthalten wäre; als ob schon der Anfang den ganzen Satz in sich enthielte. Die Komposition ist wie die Aktualisierung dieses schon latent Vorhandenen, wie seine Projektion auf die Achse der Zeit. Was der Satz in der Ausführung bringt, entspricht dem Erwarteten. Nur das trifft ein, was vorhergesehen werden kann. Die Zeit ist hier nicht eine selbständige Größe. Sie erscheint als die Entfaltung eines schon Vorhandenen. Eine solche geistige Struktur kennt keine Spaltung in Vergangenheit, Gegenwart und Zukunft; sie erfaßt die Welt wie zeitlos als ein unproblematisch Seiendes. Der Ablauf erscheint wie vorhergesehen. Das erinnert an die Haltung des Sehers. Er braucht seine Wirklichkeit bloß auf der Abszisse der Zeit abzulesen, das gleichsam latent Vorhandene zu aktualisieren, um das, was wir Zukunft nennen, zu entrollen. Dieser Haltung entspricht das *Epos*. (Man könnte vielleicht die Bachsche Satzstruktur und die epische Haltung im allgemeinen auch mit der Vorstellung des bedingt determinierten Willens, wie sie etwa Leibniz vertritt, vergleichen. Man darf auch an das Leibnizsche analytische Urteil und an den metaphysisch bestimmten Begriff des Subjekts denken, der implicite alles enthält, was durch ein Prädikat ausgesagt werden kann. S. z. B. Leibniz, Discours de Métaphysique § 8.)

Im Briefwechsel zwischen Schiller und Goethe wird auch die Frage des Epos erörtert (April, Mai, Dezember 1797). Goethe stellt fest, daß in der Odyssee der glückliche Ausgang mehrmals vorausgesagt wird, 'daß man von einem guten [epischen] Gedicht den Ausgang wissen könne, ja wissen müsse und daß eigentlich das *Wie* blos das Interesse machen dürfe. Dadurch erhält die Neugierde gar keinen Antheil an einem solchen Werke und sein Zweck kann in jedem Puncte seiner Bewegung liegen'. (22. 4. 1797.) Im Drama ist es aber nicht zulässig, daß das Moment der Überraschung ausbleibt, daß die Schlußwirkung vorweggenommen wird. — Es wird weiter nach den einzelnen Merkmalen gefragt, die den Unterschied zwischen Epos und Drama bestimmen, die Goethe beim Dichten seines Epos berücksichtigen muß. Vom Gesichtspunkt Schillers und Goethes aus gesehen, ist dies berechtigt. Doch für den heutigen Betrachter bietet sich ein weiterer Aspekt. Der Unterschied kann nicht allein durch die Stilmerkmale bestimmt werden. Er wird wesentlich durch die Sprache, durch deren menschlich-geistige Haltung bestimmt. Diese primäre Schicht, die Struktur des Sinnträgers (in Sprache wie auch in Musik) ist der menschlichen Willkür unzugänglich, sie bleibt unberührt von der Anwendung einer epischen oder dramatischen Darstellungsweise der Vorgänge. Sie ist jeweils die Summe, das Ergebnis der eigenen Geschichte. Ihr Unmögliches abzugewinnen, liegt nicht in der Hand des Einzelnen. Man kann sich nicht frei entscheiden, ob man epische oder dramatische Dichtung schreiben will. Die schöpferische Tat besteht vielmehr in der willigen Hingabe, die erlaubt, aus den Möglichkeiten des Sinnträgers Wirklichkeiten zu schaffen. Ebensowenig wie in der Zeit Homers Tragödien entstehen konnten, hätte das fünfte vorchristliche Jahrhundert gültige Epen schaffen können. Das Epos Homers hat eine Analogie zu der oben berührten Haltung des Sehers. Deswegen mutet uns das epische Geschehen an wie etwas Ungebrochenes, Unzerspaltenes, wie durch höhere Macht bestimmt.

Ähnlich wirkt die Musik Bachs auf uns. So zeigt auch die Bachsche Passion den epischen Zug. Schon inhaltlich. Es gibt keine Überraschungen. Man weiß das Ende, es wird vorausgesagt, und Christus weiß es. Wir finden die Haltung des Sehers. Durch die Musik wird dies in objektive Gestalt gebannt. Man darf die Passion, nur weil sie erhabenen Schmerz ausdrückt, nicht mit dem Drama vergleichen, was manchmal geschieht. Als Sinnbild des Lebewesens kann der Generalbaßsatz Schmerz, Leidenschaft ausdrücken. Das spezifische Merkmal des Dramas aber ist das Handeln (das griechische Wort *dráma* bedeutet 'Handlung'). Denken wir auch an das Choralvorspiel 'Vor Deinen Thron' (s. S. 81 ff.): Bachs Musik, dies geistig durchfurchte Gebilde, hat zwar die Stufe des Sprechenden erreicht, blüht aber noch auf dem Nährboden der naiv-volkstümlichen Choralmelodie; sie ruht im Schoße echter Naivität. Auch hierin hat sie etwas von der Haltung des Epischen: Was sie uns mitteilt, ist wie wahre Begebenheit; nicht ein bloßes Bild, nicht bloße Kunst oder Dichtung im landläufigen Sinn.

Das Sprechende der Bachschen Instrumentalpolyphonie und die

Haltung echter Naivität verbinden sich mit dem Einswerden von Subjekt und Werk, das die Stufe des Organischen kennzeichnet (s. S. 111 f.). So erinnert manchmal die Bachsche Musik an schlichte Prosa[1] wie die des Evangeliums, des Vaterunsers; sie erinnert an Bekenntnis oder Gebet. Bachs Musik ermöglicht, als einzige, eine Gebetshaltung. Das eindeutigste Beispiel dafür ist vielleicht sein letztes Werk, das Choralvorspiel 'Vor Deinen Thron'.

＊

Wenden wir uns der dritten Stufe, dem musikalischen Satz der Wiener Klassiker zu. Wir knüpfen dabei an die Bemerkungen im vorigen Kapitel an (S. 89—96).

Dort gingen wir von der Feststellung aus, daß die Wiener klassische Musik als das Erfassen des spezifisch menschlichen *Handelns* verstanden werden soll. Wir vernehmen eine in unserer Gegenwart hier und jetzt stattfindende Begebenheit, mag es sich um Bühne oder um Instrumentalmusik handeln. Satztechnisches Merkmal dieser Haltung ist das *Diskontinuierliche,* wie wir es im ersten Quartett Haydns kennenlernten. Wir erleben kein stetiges Werden. Die Akkorde entstehen nicht durch die Stimmführung wie im Kontinuum der harmonischen Polyphonie (s. S. 111). Sie werden vielmehr als Sigel innerhalb der Kadenz verwendet, nachdem sie durch den Jahrhunderte alten polyphonen Gebrauch mit Sinn gesättigt worden waren. Der Generalbaß verträgt sich nicht mit dieser neuen Haltung; er wird abgeschafft.

Am Rondothema aus dem Quartett op. 33 Nr. 2 sahen wir, wie sich das Diskontinuierliche in der reifen Klassik auswirkt. Es wird hier so geschmeidig angewendet, daß man es kaum merkt. Doch den Satz versteht man nur dann richtig, wenn man sich ihn aus mehreren gleichsam festkörperlichen Gliedern zusammengefügt vorstellt, deren jedes durch eigenen, neuen Impuls eingeführt wird. Es ist notwendig, daß wir stets auf der Hut sind, um bei unerwarteten Wendungen lenkend einzugreifen. Anders als bei Bach oder Palestrina tauchen hier während des Ablaufs, wie aus dem Nichts, *unvorhergesehene* Kräfte auf, die das Geschehen gestaltend bestimmen. (Ließ sich der Generalbaß-Satz mit Leibnizens Subjekt-

---

[1] Vgl. auch S. 105, Anm. 1. Jene Bemerkung bezog sich auf den rhythmischen Eindruck des musikalischen Ablaufs. Hier ist hingegen der Sinngehalt gemeint.

begriff vergleichen – s. S. 113 –, so bietet der Wiener klassische Satz eine Analogie zu Kants synthetischem Urteil, in dem das Prädikat über das in dem Begriff Enthaltene hinausgeht, in dem also zum Begriff etwas während der Urteilsbildung hinzugefügt wird.) Diese Musik bringt daher die Notwendigkeit der *Dirigierhaltung* mit sich. Erst jetzt entsteht eine Musik, die von innen her das Dirigieren verlangt. Dieser neue Sinnträger arbeitet mit Überraschungen, er ist keine epische, sondern eine dramatische Sprache. Er schafft das musikalische *Theater*.

Dirigier- und Theaterhaltung haben eine weitere Folge: Sie schaffen ein *Gegenüber,* sie schaffen Distanz. Wenn ich vor mir agierende Menschen wahrnehme, in meiner Gegenwart, so erfasse ich dieses Geschehen als ein Gegenüber. Es ist etwas Wirkliches, das sich aber mit meiner eigenen Wirklichkeit doch nicht deckt. Es sind leibhaftige Menschen, die dort, auf den Brettern, leben und wirken. Sie gehören aber nicht in mein eigenes Wirkungsfeld. Sie werden mir *vorgeführt*. Der naive Glaube 'so ist es gewesen', der die epische Haltung kennzeichnet, ist hier nicht mehr vorhanden. In einem Sinn ist die Bühne wirklicher als das Epos, denn ich nehme leibhaftige Menschen wahr; in einem anderen Sinn aber unwirklicher, denn ich weiß, dieses Geschehen ist ja nur fingiert, wird mir nur vorgeführt. Bei der Theaterwirklichkeit wird ein Gegenüber ad hoc geschaffen, somit so zusammengestellt, wie der Schöpfer es als zweckmäßig erachtet. Theater ist gleichsam eine Versuchsanlage. Es gilt, jeweils die zweckmäßige Versuchsanordnung zu treffen, die nötig ist, um ein Geschehen als Gegenwärtiges demonstrieren zu können, um es eben als Theaterwirklichkeit, d. h. als Diskontinuierliches vorzuführen.

Die Einstellung auf den Hörer, die die Schaffung des Gegenüber mit sich bringt, hat zur Folge eine weitere Eigenschaft der Wiener klassischen Musik: die *Ausstrahlung*. Dies wird wesentlich durch Tonstärke- und Tempodifferenzierungen unterstützt, die das Mitreißende erhöhen. Man wendet sie bewußt als Kompositionsmittel an; sie werden schriftlich fixiert.

Doch das übergeordnete Merkmal der klassischen Satzstruktur, wovon wir auch ausgingen, ist das gegenwärtig Handelnde und damit das Diskontinuierliche, die Zusammenstellung des Satzes aus kleinen selbständigen Impulsen. Daher muß man die Frage stellen:

Was ist es, das trotz des ständigen Wechsels die Einheit bewirkt? Was wechselt, ist die rhythmisch-tonliche Ausfüllung; was bleibt, die metrische Gewichtsverteilung, der Takt. Der Wechsel z. B. zwischen abtaktigen und auftaktigen Impulsen, diese wesentliche Erscheinung der Wiener klassischen Musik, beruht darauf. (Es ist eindrucksvoll, daß am Ende von Beethovens Lebenswerk, und damit der Wiener klassischen Musik, Abtakt und Auftakt epigrammatisch einander gegenübergestellt werden. — Vgl. S. 58.) Aus einem und demselben Rhythmus, z. B. ♩ ♩, kann durch verschiedene Kombinierung mit dem Takt eine abtaktige (| ♩ ♩) oder eine auftaktige Bildung (♩ | ♩) entstehen (s. dazu S. 55 f.). Es sei auch an die metrisch verschiedene Verwendung der harmonischen Folge Dominante-Tonika erinnert (s. S. 93). Was in allen diesen Fällen die Einheit herstellt, ist der neue, geläuterte *Takt*begriff.

Man könnte geradezu sagen: Die geistige Tat des Klassikers ist die Zerlegung der bis dahin vermeintlichen Einheit von rhythmischtonlicher Gestalt und metrischer Gewichtsverteilung in zwei selbständige, gesondert zu handhabende Größen. Dadurch hat der Geist eine neue Stufe im Erfassen musikalischen Sinnes erreicht, ein neues Verhältnis zur Welt als Musik gewonnen; dadurch hat sich die Satztechnik verwandelt. Hierauf ist das non prius auditum der Wiener klassischen Musik zurückzuführen. In der Instrumentalmusik der Generalbaß-Zeit hatte sich der Takt eingebürgert (vgl. S. 81). Aber erst der Wiener klassische Satz zog die Folgerungen und schuf den reinen Takt-Begriff, das bloße Bezugssystem. So wie die deutsche Sprache den Antipoden der griechischen darstellt (s. S. 4 f., 53, 54 f. und 80), so erscheint die Wiener klassische Musik als die letzte Stufe im Werden der Rhythmik seit der Antike: Während der griechische Rhythmus auf der 'erfüllten Zeit' beruhte (s. S. 5), wurde durch die Wiener Klassiker — erst durch sie — die letzte Folgerung aus der Trennung in Zeitabsteckung und Zeitausfüllung gezogen.

Betrachten wir noch den Anfang aus dem Zauberflöten-Marsch:

Bei äußerlich schlichter Haltung finden wir das klassische Prinzip der selbständigen Glieder folgerichtig durchgeführt: Jeder zweite Takt bringt einen neuen Impuls, einen neuen Körper mit eigener Gestalt, mit eigenem Willen. Der erste Teil besteht aus vier heterogenen, zweitaktigen Gliedern: das erste Glied abtaktig, in Halben, in sich ruhend; das zweite auftaktig, in Vierteln, sich fortbewegend; und das dritte wieder abtaktig, aber durch das melodische Ausholen und die Viertelpunktierung fließend-drängend (bis zum letzten Augenblick — letztes Achtel von Takt 6); das vierte, ebenfalls abtaktig, durch die Achtelpunktierung abgemessen spitzig, aber in sich ruhend; durch einen plötzlichen, unerwartet aus heiterem Himmel auftauchenden, zurückwerfenden Ruck vertilgt es das Drängende des dritten Gliedes. (Ein solcher Bau erinnert an den Kontrapost der klassischen Plastik.)

Diese bunte Vielfalt der Gestalten wird durch die äußerlich glatte, die volkstümlich anmutende Anlage der Zweitakt-Symmetrie gebändigt. Hinter ihr steht aber der neue Taktbegriff. Der von jeglicher Materie befreite Takt vermag die heterogenen Glieder zusammenzuhalten, eben weil in ihm sich nichts Materielles findet, das mit ihnen zusammenstoßen könnte. Er ist lediglich wie ein Relationssystem, das die Einheit nur im Geiste herstellt. Das bedeutet aber die letzte mögliche Abstraktion innerhalb eines Handwerks: mit einem Faktor operieren, der bloße Form (im Kantischen Sinn) geworden ist, der die Materie völlig abgelegt hat. — Man erinnert sich dabei, daß das gleiche Jahr, 1781, mit dem die reife Klassik beginnt (Haydns Quartette op. 33 und Mozarts 'Entführung'), auch die Kantischen bloßen Formen der Anschauung, Raum und Zeit, gebracht hat, und es liegt nahe, den reinen Zeitbegriff und den reinen Taktbegriff als parallele Wendungen in der Geschichte des abendländischen Geistes anzusprechen.

Welche Durchgeistigung des musikalischen Satzes! Der Zauberflöten-Marsch löst in uns ein eigentümliches Gefühl von geistiger Aktivität, von Spontaneität der geistigen Kräfte aus. Ja, die weder kausal noch final zu begründenden, sondern stets frei einsetzenden eigenwilligen festen Gestalten wirken wie ein Sinnbild der *geistigen Freiheit*, wie ein Sinnbild des menschlichen, des freien Willens. Der Wiener klassischen Musik war es vorbehalten, den Menschen in seiner Eigenart, das Spezifisch-Menschliche, den freien Willen, das menschliche Handeln mit musikalischen Mitteln zu erfassen. Keiner anderen Musik, weder vor noch nach den Klassikern, wohnt dieser spezifische Sinn, oder auch nur ein ähnlicher inne.

Der aus selbständigen Gliedern zusammengestellte klassische Satz, das Sinnbild der Willensfreiheit, kann als Einheit erst in der Vorstellung verwirklicht werden; erst beim auffassenden Ich wird er etwas Sinnvolles: Die Einheit wird nicht so wie z. B. bei Bach oder Palestrina in der Schicht des Anschaulich-Musikalischen, des objektiv-musikalischen Geschehens vorgefunden, sondern entsteht erst in der vom Gegenstand (also von der Musik) überhaupt abstrahierten, rein geistigen Sphäre der Spontaneität unseres Ich, in der jeder Gegenständlichkeit baren Einheit unseres auffassenden Bewußtseins. Die Freiheit der Wiener Klassiker ist die Freiheit Kants; sie wird verwirklicht durch das Erreichen des letzten möglichen Ansatzortes, von wo aus Sinn überhaupt noch faßbar werden kann. Dieser letzte Halt ist die 'Einheit der Apperzeption'. Damit kommt aber die letztmögliche Anspannung unseres Ich, unseres Apperzeptionsvermögens, unserer Aktivität zustande. Die Wiener Klassiker haben die Vergeistigung in der Anwendung der musikalischen Mittel so weit getrieben, daß sie die äußerste Grenze des musikalisch Möglichen erreichten. Die nächste Instanz, von der aus das Werk noch als Autonom-Sinnvolles erfaßt werden kann, ist die rein geistige, die kein musikalisch-stoffliches Analogon findet. Ein Schritt weiter, und die Entkräftung der Musiksprache, als autonomer Sprache, ist da.

Noch ein letztes Merkmal der klassischen Musik: Wie wir sahen, entspricht die epische Haltung einem Satz, dem die Entfaltung immanent ist. Vergangenheit, Gegenwart und Zukunft bilden dort ein ungebrochenes Ganze. Die Zeit ist nicht als selbständige Größe vorhanden (s. S. 113). Der klassische Satz hingegen, der der Theaterhaltung entspricht, ist diskontinuierlich; während seines Ablaufs greifen unvorhergesehene Kräfte ein, die seinen Gang ändern: Im klassischen Satz ist die Zeit nicht mehr im voraus berechenbar. Wir machen sie uns als selbständige Größe bewußt. Der Wiener klassische Satz ist das Sich-Bewußtwerden der Zeit. Die Zeitlichkeit bricht ein. Durch die Betonung des Hier-und-Jetzt ist jene epische Einheit nun in Gegenwart und Zukunft auseinandergebrochen. Erst die Wiener klassische Musik erfaßt die Weihe des Augenblicks.

Erst jetzt können Sätze entstehen wie das 'Die Stunde schlägt' aus der Zauberflöte oder das 'O Gott! Welch' ein Augenblick!' aus dem Fidelio, oder das 'Et homo factus est' aus der Missa Solemnis (s. S. 101). In solchen Sätzen schlägt das Herz der Wiener klassischen Musik.

Das sich wiederholende *Die Stunde schlägt* in der zweiten Hälfte des Trios 'Soll ich dich Teurer nicht mehr sehn?' (Nr. 19) wird von Sarastro vorgetragen. Die ganze Nummer verläuft piano, mit Ausnahme des letzten *die Stunde schlägt* Sarastros. Selbst dieser Halbgott, der zuvor dreimal sein *die Stunde schlägt* noch piano alle zwei Takte chromatisch steigend (*b h c cis d*) gekündet hatte, gerät nun außer Fassung; er fällt schon nach *einem* Takt, in höchster Lage, forte ein. Das Bewußtsein des Jetzt, somit des Handelns, wird als alles versengende Glut, alles sprengende Kraft sichtbar. Es ist wie das Einschlagen des Blitzes beim Offenbaren der Substanz selbst, beim plötzlichen Erleuchten, daß sich der Sinn, gleichsam das Ewige, als Jetzt, als unwiederbringlicher Augenblick selbst manifestiert. Das Ich kann das kaum ertragen. Wie ein lallendes Delirium folgt darauf die Koloratur von Pamina und Tamino und das *wir sehn uns wieder* des Sarastro, das, nach jenem Erscheinen des Gottes, jetzt uns Menschen tröstet, mit tiefer Zuversicht erfüllt. — Man könnte geradezu sagen: Im bejahenden Wissen um das Zeitliche erblickt der Klassiker den Sinn. Das Bewußtsein der Unvereinbarkeit des Vergänglichen mit dem Bleibenden, d. h. mit dem Sinn, das bejahende Wissen um diese Antinomie, macht das *Tragische* aus. Die tragische Weisheit ist das Merkmal des Klassikers. Sie ist ein einziges Mal innerhalb der abendländischen Geschichte Musik geworden, in Wien in der Zeit zwischen 1781 und 1828. —

Die abendländische Musik hat den Prozeß der Schöpfung gleichsam nachvollzogen. In der stetigen Auseinandersetzung des Klangs mit dem Wort von der karolingischen Zeit bis zu Palestrina hatte sie sich selbst gefunden. Sie durchschritt dann die Stufen der Natur und des Organischen. Sie erreichte so die letzte Stufe: Ihre Struktur wurde Sinnbild des Geistes, der Freiheit. So konnte jetzt der alte Haydn in seiner 'Schöpfung' den Menschen gültig besingen:

> Mit Würd' und Hoheit angetan
> Mit Schönheit, Stärk und Mut begabt
> Gen Himmel aufgerichtet
> Steht der Mensch, ein Mann und König der Natur.

Erst Haydn, der Schöpfer der Wiener klassischen Musik, hatte sich die innere Berechtigung dazu erworben, erst er konnte eine adäquate Musiksprache verwenden, die den Menschen musikalisch neu schafft, die ihn hinstellt, einer vollkörperlichen Plastik gleichend.

13. Romantiker

Schubert, der jüngere Zeitgenosse Beethovens, hat in der Stadt der Wiener Klassiker gelebt und gewirkt. Auch geistig steht er ihnen nah. Das gilt besonders von dem Liederkomponisten, dem großen Schubert. Er setzt den klassischen musikalischen Satz, die Haltung des Handelns, voraus. Andere Züge aber trennen ihn von den Klassikern: Die klassische Musik schafft ein Gegenüber. Cherubin expliziert seine Liebesschmerzen in 'Voi che sapete', indem er seine Empfindungen sich selbst gegenüberstellt und als gegenwärtiges Geschehen vorbeiziehen läßt. Schubert hingegen identifiziert sich mit seinem Lied (man denke z. B. an 'Die Winterreise'). Darin ist er ein Romantiker. (So erscheint der Romantiker in diesem Punkt mit der Haltung der Generalbaß-Zeit verwandt, während der Klassiker sich darin eher Palestrina nähert; s. S. 112 und 116.) Die romantische Seite Schuberts kommt in Werken wie seinen Messen rein zur Geltung. Wir wollen daher seine Messe in As-Dur benützen, um das Musikalisch-Romantische zu veranschaulichen.

Stellen wir ihr als Werk der Wiener Klassik Beethovens Missa Solemnis gegenüber. Die Haltung, die sich das Wort als gegenwärtiges Handeln vorstellt, führt im *Dona nobis pacem* aus dem Agnus zu jener Kriegsepisode mit Pauke und Trompeten, die die Ausrufe *miserere* und *dona nobis pacem* als geradezu leibhaft Gegenwärtiges erscheinen läßt. Der Satz trägt von Beethoven selbst die Überschrift 'Bitte um innern und äußern Frieden'. Was bedeutet das? Warum wählte Beethoven diese Überschrift? Auch dies erscheint als Folge jener eigentümlichen Haltung, die das Wort als gegenwärtiges Geschehen, als Handeln auffaßt. Denn wir können sagen: Das Wort entsteht bei dieser Einstellung dort, wo das Ich auf die Außenwelt stößt. Innenwelt kann hier nicht ohne Außenwelt, Außenwelt nicht ohne Innenwelt existieren. Dies ist das wesentliche Merkmal der Wiener klassischen Musik, ein nur ihr eigenes

Merkmal. Dieser Drang nach Vergegenständlichung des Ich, nach Verinnerlichung der Außenwelt prägte auch die Eigenart von Beethovens Komposition und veranlaßte die Überschrift 'Bitte um innern und äußern Frieden'.

Die besondere Verknüpfung von Ich und Außenwelt erinnert aber an die Feststellungen, die wir über das deutsche Wort machten (s. S. 55). Es scheint in der Tat, daß erst die Wiener Klassiker die adäquate musikalische Verwirklichung der in der deutschen Sprache sich meldenden geistigen Anlage bringen. Denn auch der Charakter des Gegenwärtigen (s. S. 61) und das Anknüpfen an Geschehensvorstellungen (S. 64 f.) sind Momente, die schon in der deutschen Sprachhaltung vorgebildet waren.

Die Romantiker aber empfanden nicht so. Die wirkende Macht des Wortes wird für sie nicht unmittelbar durch die Berührung des Ich mit der Außenwelt ausgelöst. Das Wort ist für sie Ausdruck nur des Inneren. Anders gesagt: Das Wort existiert hier musikalisch nicht als Vergegenständlichung, sondern als Gefühl. Die Gefühle, die Stimmungen, die der Text auslöst, werden in Musik verwandelt. Die Sprache wird wie eine bloße Inhaltsangabe verwendet. Der Weg zur späteren Programmusik wird freigelegt.

Schuberts Messe in As-Dur ist in den Jahren 1819—1822 entstanden — im selben Wien und zu genau derselben Zeit wie Beethovens Missa Solemnis. — Das *Quoniam tu solus sanctus*, 'Denn Du allein bist der Heilige', aus dem Gloria mag zur Beleuchtung der romantischen Haltung dienen. Diese Stelle folgt auf das *miserere nobis*, 'erbarme Dich unser', das die musikalische Stimmung festlegt. Von hier aus schlägt mit dem *Quoniam tu solus* usw. allmählich das Gefühl um; es findet eine Steigerung, eine Verwandlung der Stimmung bis zum *tu solus Dominus* statt.

Bei Beethoven nichts davon: Weder allmählicher Übergang von einem Gefühl in das nächste, noch Steigerung. Hier regiert das Wort. Es wird musikalisch als gegenwärtiges Geschehen verwirklicht. Nach dem *miserere nobis* stößt man mit dem Einsetzen der Pauke unvermittelt auf Neues. Das frei gesprochene Wort erhält gleichsam gegenständliche Kraft: *Quoniam tu solus sanctus —*

Quoniam tu solus Dominus usw.

Lehrreich ist auch der Beginn des Credo. Bei Schubert kommt die besondere Bekenntnisstimmung zum Ausdruck, das Befriedigte des sicheren Glaubens. Der Text verläuft gleichmäßig, bildet ein einheitliches Ganzes, das in einen Vordersatz und einen Nachsatz zerfällt.

[Notenbeispiel]

Beethoven aber deklamiert: *Credo, credo in unum, unum Deum.* Durch die nachdrückliche Wiederholung des *credo* sagt er nicht bloß 'ich glaube' sondern '*ich* glaube'; durch die Wiederholung des *unum*, sagt er nicht bloß 'an einen Gott', sondern 'an einen *einigen* Gott'. Die Erinnerung an Schütz drängt sich auf (s. S. 65 f.). Schütz

[Notenbeispiel]

vertonte: *Ich glaube an einen einigen Gott.*

Betrachten wir noch das *visibilium omnium et invisibilium.*

[Notenbeispiel]

Schubert vertont: *visibilium omnium et invisibilium.* Beethoven

[Notenbeispiel]

hingegen: *vi - sibilium omnium et   et in-vi-si-bi-lium* und Schütz:

[Notenbeispiel]

alles was sichtbar und unsichtbar ist. Die Hervorhebung des *et*, die differenzierte, nachdrückliche Diktion des *invisibilium:* auch diese Merkmale erinnern an die Vertonung von Schütz. Bei beiden ein verantwortliches Sprechen, eine Verdeutlichung des Wortgehalts; bei Schütz als vokale Musik, bei Beethoven außerdem noch als Deutung mit den Mitteln der instrumentalen Musik.

Worauf aber beruht die große Verschiedenheit zwischen der Messe Schuberts und Beethovens Missa Solemnis? Diese Frage wird vielleicht erhellt, wenn man zweierlei berücksichtigt: die Über-lieferung der Gebrauchs-Messe und die neue Gesellschaft, an die sie sich wendet.

In den letzten Kapiteln wurde hervorgehoben, daß seit dem Aufkommen der selbständigen Instrumentalmusik der tiefe geistig-religiöse Gehalt nicht mehr durch die Gebrauchsmessen eingefangen wird. Er wird hingegen von Werken wie Bachs H-Moll-Messe und Beethovens Missa Solemnis getragen, die nicht als Kirchenmusik im engeren Sinn anzusprechen sind. Schubert und die frühe Ro-mantik knüpfen nicht an diese Werke, sondern an die Tradition der Gebrauchs-Messe an, und zwar eher an die vorklassische als an die Messe der Klassiker. Wie wir sahen (S. 98), hatte man sich während des 18. Jahrhunderts daran gewöhnt, in der Messe das Angenehme, das Sonntäglich-Festliche, das Fröhlich-Unterhaltende zu suchen. Dies finden die frühen Romantiker vor, und sie gehen davon aus. Da sie aber einen neuen Hang zur Innigkeit und dadurch zur mystisch gefärbten Religiosität mitbringen, verwandeln sie auch den Charakter der musikalischen Messe. Der Ausdruck des Festlichen, des Angenehm-Fröhlichen verwandelt sich bei Schubert in den unsagbaren Wohllaut seiner Musik, in die uns unmittelbar berührende Innigkeit. Schubert scheint im Kyrie von den Tönen, von der Harmonie wie berauscht zu sein. Den althergebrachten Gegensatz zum Kyrie bringt auch Schuberts Gloria (Allegro). Dieser wird noch durch die harmonische Klangfarbe verstärkt, indem das Gloria nicht in As-Dur oder einer verwandten Tonart, sondern in E-Dur steht. Trotz des als Textdeklamation stark profilierten Anfangs ist auch hier das Hauptanliegen das Musikalisch-Angenehme. So wiederholt Schubert nach dem *Glorificamus te* noch einmal das *Gloria in excelsis Deo*, um damit eine musikalische Geschlossenheit zu erreichen, obwohl die Fortsetzung des Textes *Glorificamus te, gratias agimus tibi* 'Wir preisen Dich, wir sagen Dir Dank', dies nicht nahe legt. — Ganz anders verhält sich Schubert in seinen Liedern zum Text. Ein Meisterwerk, wie z. B. die Winterreise, erinnert, trotz romantischer Züge, an die Wiener Klassiker, ist gegenüber unserer Messe nicht nur als bedeutendere Musik zu bezeichnen, sondern als etwas Andersgeartetes, mit ihr Unvergleichbares.

Ein zweiter Faktor zur Erklärung der Messe der Romantik ist die Entstehung der neuen Gesellschaft. Früher wandte sich die Musik an die aristokratischen oder jedenfalls an auserlesene Kreise; nur von ihnen erwartete der Komponist wahrhaftes Verständnis, nur bei ihnen konnte er die nötigen Kenntnisse, die nötige Tradition voraussetzen. Der Musiker der Romantik wendet sich aber an ein neues Publikum, ein Publikum von einer bis dahin unvorstellbaren Anonymität. Der Hörer — der verantwortliche Hörer — kann sich nicht ausweisen; man weiß nicht, wer er ist, woher er kommt. Er wird jetzt Bürger genannt. Diese bürgerliche Gesellschaft füllt jetzt die Räume. Sie sucht in der Kirche Erbauung, Trost, Erlösung. So wie sie sich selbst nicht ausweisen kann, wie sie nicht weiß, woher sie kommt, so kann sie auch das Werk, das sie vernimmt, nicht aus seinem Überlieferungszusammenhang heraus verstehen. Sie kann seine Geschichtstiefe nicht erfassen, sie kann nur seine Ausstrahlung auf sich wirken lassen, als Erlebnis genießen.

Auch die Meß-Liturgie wird von der neuen Gesellschaft nicht mehr verstanden; sie ist für die Vielen etwas Stummes. Man kümmert sich kaum um das liturgische Geschehen, um das Wort. Man liest in seinem privaten Gebetbuch, das keinen unmittelbaren Bezug auf den Messentext nimmt. Die Messe ist nur Anlaß zu privater Andacht. Was einen umfängt, ist nicht mehr das erklingende Wort, auch nicht der gemeinte Sinn, sondern eine gewisse Stimmung. Innerhalb dieser Atmosphäre wird das Wort in der Musik wie ein Lallen vernommen. Nicht auf die erklingende Sprache kommt es an, sondern auf das Unbestimmbar-Musikalische, auf das Innige, das Erhebende, das Umhüllende.

Mit der Romantik fällt die Epoche der sog. Restauration, etwa um 1830, zusammen. Es ist bezeichnend, daß die Kirchenmusiker der Restauration nicht die Wiener Klassiker weiterzuführen versuchen. Sie betrachten die klassische Kirchenmusik eher als Verfallserscheinung, und sie versuchen, an die ältere anzuknüpfen. Der wichtigste Vertreter, Kaspar Ett in München, ist ja auch Schüler von Musikern, die die *vor*klassische Tradition weiterführen, die nicht von der Wiener Schule herkommen.

Die Anonymität der neuen Gesellschaft äußert sich jetzt auch in der neuen Organisation der kirchenmusikalischen Einrichtungen: Man begann Kirchenchöre mit freiwilligen Mitwirkenden zu bilden. Kirchenmusik-Vereine, d. h. bürgerliche Laien, sorgten von nun an für die Pflege der Kirchenmusik und drückten ihr den Stempel auf. Die jetzt entstehenden Konservatorien entwickelten einen Schulstil, der den neuen Idealen gerecht zu werden suchte und allen zugänglich war. —

In der zweiten Hälfte des Jahrhunderts entstanden aus dem neuen Geist bedeutende Werke. Messen wie die von Liszt und Gounod möchten gleichsam das Kirchengewölbe heben und den Himmel herunterzaubern.

Ihren Gegenpol bildet Bruckner. Auch er ist ein Romantiker. Da er jedoch ungebrochen in seiner christlichen Gläubigkeit nicht nur lebte, sondern auch wirkte, da er aus diesem Geist heraus seine Symphonien schuf und in demselben Geist als Organist tätig war, konnte er als Einziger wieder Messen schreiben, die den Rang selbständiger Kunstwerke wie seine weltlichen Kompositionen einnehmen und doch auch religiöse Musik im engeren Sinn sind. Die Rückkehr zur liturgischen Einstellung wird in seiner E-Moll-Messe auch äußerlich dadurch gekennzeichnet, daß ein nur kleines Bläserorchester verwendet wird, und auch dadurch, daß Gloria und Credo erst nach der Intonation des Priesters beginnen. Das Gloria beginnt also erst mit *Et in terra pax* und das Credo erst mit *Patrem omnipotentem*.

Als ein Romantiker geht Bruckner in seinen Kompositionen von dem Ich, von der Innenwelt aus. Man findet bei ihm nicht etwa jenes Einswerden von Innenwelt und Außenwelt, das wir bei Beethoven feststellten. Bruckner fühlt sich aber durch den Kultus in seinem Tiefsten angesprochen. Dies führt ihn im Erfassen des Wortes zwar über die bloße Stimmung, die es verbreitet, hinaus, aber allein vom Innerlichen her. Daher ist es verständlich, wenn er oft als ein Mystiker bezeichnet wird. Das Erklingen des Wortes hat bei ihm eine Verbindlichkeit, die wir bei den anderen Romantikern nicht finden.

14. Die Gegenwart

Dieses Kapitel wollen wir der Musik der Messe in der Gegenwart widmen, doch nicht etwa der zeitgenössischen Messenvertonung allein. Denn die Frage, die wir auch bisher verfolgten, lautet: Welche Wandlungen hat im Verlauf der Geschichte die musikalische Deutung der Messe durchgemacht; welches war jeweils das vom öffentlichen Bewußtsein als gültig, als legitim betrachtete Erklingen der Messe? Wollte man daher hier nur die zeitgenössische Messenvertonung behandeln, so wäre dies eine unrechtmäßige Einengung der Fragestellung. Denn es besteht kein Zweifel, daß heute nicht nur die zeitgenössische Vertonung als gültige Interpretation der Messe angesehen wird. Neben ihr beanspruchen im öffentlichen Bewußtsein die Messenvertonungen der Vergangenheit ihren eigenen Platz. Unter ihnen kommt dem gregorianischen Choral besondere Bedeutung zu. Mit dem gregorianischen Choral wiederum ist eine weitere Erscheinung der Gegenwart verwandt: die liturgische Bewegung. Unter 'Musik der Messe in der Gegenwart' will ich daher diese drei wichtigsten Erscheinungen zusammenfassen: die zeitgenössische Messenvertonung, die Wiedereinführung des gregorianischen Chorals und die Musik der liturgischen Bewegung.

Als Beispiel einer zeitgenössischen Messenvertonung soll uns die Messe von Strawinsky dienen. Sie ist freilich nicht das Werk eines Kirchenmusikers. Sie kommt nicht aus jener Tradition der Gebrauchsmesse, von der früher die Rede gewesen ist. Die Messe von Strawinsky ist aber das freie Werk eines Exponenten der heutigen Musik, das Werk einer überragenden Persönlichkeit, und gerade deswegen muß sie berücksichtigt werden. Denn wenn man nach der Vertonung der Messe im Bereich der heutigen *Kunst*musik fragt, darf man nur solche Komponisten heranziehen, die die Geschicke des Komponierens entscheidend bestimmen.

Was führte Strawinsky, den Komponisten von Balletten, von Instrumentalmusik, von weltlichen Textbüchern, zur Vertonung der Messe? — Der lateinische Text und seine feststehende Gestalt, die die Jahrhunderte überdauert. Beides vermittelt die Vorstellung des Allgemeingültigen, des weder national noch zeitlich Begrenzten. Strawinsky hatte aus diesem Grund schon in anderen Werken die lateinische Sprache gewählt. Der Charakter des Authentischen, der diese übernationale und überzeitliche Sprache auszeichnet, zieht ihn an. Denn seine Musik will das Innige, das Ich-Bezogene, das Individuelle abstreifen. Die Musiktradition des 19. Jahrhunderts ist aber mit den eben genannten Merkmalen und damit auch mit den lebendigen Nationalsprachen verbunden. Der Musik Strawinskys ist aber dieses 'Lebendige' nicht gemäß. Seine Musik ist starr, will starr sein. Deswegen ist das Lateinische, diese wohl allgemeingültige, aber tote Sprache, gut mit der Vorstellung musikalischer Aussage vereinbar, die Strawinsky vorschwebt. Diese Sprache reicht ihm die Hand in seinem Bestreben, sich von der Musiktradition des 19. Jahrhunderts zu befreien. Für einen Komponisten des 19. Jahrhunderts, der die Messe vertonte, lautete das Problem: Wie kann man das Ich-Bezogene, das Innige, Ungebundene jener Musik mit der unnahbaren Strenge der Messengestalt und dem kristallklaren, gemeißelten, harten Latein vereinbaren? Für Strawinsky hat sich diese Problemstellung in ihr Gegenteil ver-

kehrt. Sie lautet: Wie kann man sich vor dem Ich-Bezogenen, Un-
verbindlichen der traditionsgebundenen Musik und Vertonung mo-
derner Sprachen retten? Und so kommt er zur Vertonung lateinischer Texte und besonders der Messe. Er kommt zur Messenvertonung nicht von der Liturgie her, sondern er kommt zur Liturgie
von seiner Kompositionsvorstellung her. Nicht das Problem der
Messe, das er mit seinen Kompositionsmitteln auf irgend eine Weise
bewältigen muß, liegt vor, sondern das Problem des Komponierens,
das er mit Hilfe des Messentextes lösen will. Sein Werk trägt daher
den Stempel des Artistischen. Im Verlauf unserer Betrachtungen
haben wir aber gesehen, daß man die Messe nicht immer so ansah,
wie Strawinsky es tut. Das Starre, Dogmatische kam besonders im
Mittelalter zur Geltung. So eignen der Messe Strawinskys gewisse
Züge der Vertonungen jener Zeit. Vergegenwärtigen wir uns das
Et incarnatus aus dem Credo:

Stellen wir daneben denselben Textausschnitt aus der Messe von
Machaut (s. Beispiel S. 71). Die Verwandtschaft beschränkt sich

aber nur auf das starre Deklamieren der einzelnen Silben, auf das mechanische Skandieren. Davon abgesehen schwebt Strawinsky etwas anderes vor. Er verfolgt z. B. eine Geschlossenheit sowohl innerhalb der einzelnen Sätze als auch der ganzen Messe. Das erste dreimalige Kyrie bildet eine Eröffnung; es steht für sich als geschlossene Einheit da[1]. Die Art, wie es kadenziert, ist der klassischen Musik abgelauscht.

Das fließende Christe mit seinen Imitationen klingt an die A-cappella-Polyphonie, die selbständige, spitzige Instrumentalbegleitung mit ihrem motivischen Charakter an die klassische Instrumentalmusik an.

Die eindrucksvolle Wiederaufnahme der ersten Takte des Kyrie am Schluß des Satzes bewirkt die Geschlossenheit nach den Vorbildern aus der Blütezeit der Instrumentalmusik.

Auch das Gloria erweckt Erinnerungen an Bekanntes — diesmal aber an liturgische Vorbilder: die melismatischen Solostimmen an die Funktion des Vorbeters. Sie werden von einem diffusen, stagnierenden Chorklang abgelöst, der dem lauten Beten einer Kirchengemeinde abgelauscht zu sein scheint, wie man es noch heute innerhalb der katholischen Kirche beim Litaneibeten oder im Rosenkranz antrifft. Ebenso wirkt das Schluß-Amen des Gloria.

Das Credo erinnert ebenfalls an das laute Beten einer Kirchengemeinde, diesmal ohne Vorbeter. Es entsteht dafür manchmal der Eindruck, als ob sich Männer und Frauen im Beten ablösten, so wie es im Rosenkranz üblich ist. Im selben Credo findet man aber auch Momente, die an andere Vorbilder gemahnen. So gibt es Stellen, deren Vertonung von der Textbedeutung her zu verstehen ist. Ein Beispiel dafür ist das *Et iterum venturus est cum gloria judicare vivos et mortuos: cujus regni non erit finis*, 'Er wird wiederkommen in Herrlichkeit, Gericht zu halten über Lebende und Tote, und seines Reiches wird kein Ende sein'. Die vom Affekt her bedingte Steigerung, die mehr an fanatische Masse denn an Kirchengemeinde erinnert, hängt mit dem Inhalt des Textes zusammen. Ebenso das gehämmerte *Ecclesiam* am Schluß des Satzes *Et unam sanctam catholicam et apostolicam Ecclesiam*, 'Ich glaube an die eine heilige katholische und apostolische Kirche'.

---

[1] Die besprochenen Stellen möge man in der leicht zugänglichen Ausgabe (Hawkes Pocket Scores, Boosey & Hawkes) nachschauen.

Das Schluß-Amen aber mit seinen Imitationen versetzt uns wieder in die Welt der Kunstmusik. Und doch empfindet man dies nicht als Bruch, man empfindet dieses Amen nicht als ein heterogenes Element, sondern als den Schlußstein des Credo.

Im Sanctus fällt die freie melodische Kolorierung der zwei bis vier Solisten auf, die gleichzeitig singen. Sie erinnert an die improvisatorische Umspielung, wie sie im frühen Mittelalter üblich war.

In der gesamten Messe Strawinskys finden wir also Reminiszenzen an Bekanntes. Und doch wirkt sie nicht uneinheitlich. Was die Einheit bewirkt, ist die bewußte Umformung dieser Reminiszenzen zu erstarrten Gestalten. Diese Grundhaltung ist aber die der Mehrstimmigkeit des frühen Mittelalters.

Was Strawinsky jedoch von ihr unterscheidet, ist dreierlei: 1. Er kommt nicht von der Liturgie, sondern von der Kunst her; seine Musik ist artistisch. Er will von hier aus den Eindruck des Feststehenden, des Dogmatischen erwecken. Die Idee des cantus firmus, die innere Notwendigkeit, die gegebene liturgische Melodie in der Komposition zu verwenden, existiert bei Strawinsky nicht. 2. Ihm stehen zu Gebote die Mittel der *gesamten* Musikgeschichte und nicht nur die des frühen Mittelalters. 3. Die Starrheit des sprachlichen und musikalischen Satzes in der frühen Mehrstimmigkeit bildete eine Anfangsstufe. Auf ihr bauten die späteren Zeiten auf und erreichten das volle Erfassen der Sprache als Menschenbild. Jene erste Stufe führte später zu Palestrina, zu Schütz, zu Bach, zu Beethoven. Sie war *noch* nicht das volle Menschenbild. Dieser Starrheit des frühen Mittelalters, diesem Noch-Nicht, steht die Erstarrung der Messe Strawinskys, steht ein Nicht-Mehr gegenüber. —

Strawinsky geht von musikalischen Kompositionsfragen aus, und seine Musik weist dabei eine gewisse äußere Ähnlichkeit mit der mittelalterlichen Mehrstimmigkeit auf. Die zweite Erscheinung der Gegenwart, die ich kurz streifen möchte, die Wiedereinführung des gregorianischen Chorals, bedeutet die Rückkehr zu einer noch älteren Zeit, die Rückkehr zur römischen Tradition etwa des 7. bis 8. Jahrhunderts. Den Hintergrund der Bemühungen um den gregorianischen Choral bildet aber nicht ein Kompositionsproblem, sondern die Liturgie. Man will diejenige Vertonung der liturgischen Texte wiedereinführen, die von Hause aus, ihrer Herkunft nach, einen nicht wegzudenkenden Bestandteil der Liturgie bildete: Die

Liturgie ist ja *erklingende* Sprache. Diese Seite der überlieferten Liturgie, ihr Erklingen, wollte man wiederherstellen. So wie den Texten kam auch den mit ihnen verwobenen Melodien theologisch-liturgische Bedeutung zu. Das haben wir auch bei der Übernahme der christlichen Liturgie durch die germanischen Völker festgestellt: Wir haben gesehen, daß die nordischen Völker bei der Entstehung der Mehrstimmigkeit die gegebene Vertonung beibehalten mußten, da sie doch einen notwendigen Bestandteil der Liturgie bildete. Die gegebene Melodie mußte selbst in den neuen mehrstimmigen Vertonungen als cantus firmus, gleichsam als Dogma, vorhanden sein. Wenn man daher heute zu der Gregorianik zurückkehrt, nimmt man einen streng liturgischen Standpunkt ein. Man läßt nur die gegebene Liturgie gelten, und zwar als Einheit von Handlung, Sprache und Erklingen. Eine neue Vertonung des Textes, die Musik als Zutat zur Liturgie, wird ausgeschlossen. Die Wiedereinführung der Gregorianik bildet daher den Antipoden zu der Musik Strawinskys und allgemein zur modernen mehrstimmigen Messenvertonung. Während Strawinsky will, daß seine Musik die *Wirkung* der authentischen Aussage hervorruft, sucht man in der Gregorianik eine Vertonung, die durch ihre *Herkunft* das Merkmal des Authentischen in sich trägt.

Auch die dritte Erscheinung der Gegenwart, die liturgische Bewegung beider Konfessionen, geht, soweit sie die Musik der Messe berührt, nicht von Kompositionsfragen, sondern von der Liturgie aus. Darauf weist schon die Bezeichnung *liturgische Bewegung* hin. Obwohl sie jedoch schon in ihrer Entstehung mit dem streng liturgischen Standpunkt der Benediktiner bei ihren Bemühungen um die Gregorianik zusammenhängt, verfolgt sie nicht dasselbe Ziel, sondern sie rückt das Gemeinschaftsbildende, somit soziologische Gesichtspunkte, stark in den Vordergrund. Auch die liturgische Bewegung möchte zwar zur Liturgie der alten Zeit zurückkehren. Sie sucht sogar, an eine noch ältere Stufe als die der Gregorianik, nämlich an die frühchristliche Zeit, anzuknüpfen. Während aber die Benediktiner die Gestalt der alten Liturgie selbst als die einzige ihrer Herkunft nach rechtmäßige beibehalten wollen, während sie also einen aristokratischen Standpunkt einnehmen, indem sie das Rechtmäßige in der Herkunft erblicken, will die liturgische Bewegung aus der frühchristlichen Liturgie nur die Wirkungsweise entnehmen: die aktive Beteiligung der Gemeinschaft am liturgischen Geschehen. Nicht die Tatsache des historisch Gegebenen, im Sinn des 'Unantastbaren' oder des cantus firmus, ist für die liturgische Bewegung das Bestimmende. Denn sie ist bereit, auf die gegebene Sprache und ihre Vortragsweise zu verzichten, um ihre Ziele zu verfolgen, um eine neue liturgische Gemeinschaft zu bilden. Sie führt Übersetzungen der Liturgie ein. Bei deren Vertonung ist der vorherrschende Gesichtspunkt nicht die Beibehaltung der gregorianischen Melodien — das ist auch ideell belanglos und sogar musikalisch unzweckmäßig, nachdem das sie tragende Gefäß, die lateinische Sprache, verlassen wird — sondern die Verwendung von Melodien, die für das Singen der Texte durch die heutige Kirchengemeinde geeignet sind. Die liturgische Bewegung trifft sich also, sofern sie von liturgischen Erwägungen ausgeht, mit den Benediktinischen Bemühungen; sofern sie aber soziologisch ausgerichtet ist, hat sie etwas mit der Haltung Strawinskys gemein: sie sucht das Authentische nicht in der *Herkunft,* sondern in der *Wirkung.*

Alle drei Erscheinungen, die Vertonung Strawinskys, die Rückkehr zur Gregorianik und die liturgische Bewegung, haben *ein* gemeinsames Merkmal: die Anknüpfung an frühe, längst vergangene Zeiten. Auch eine weitere Erscheinung der Gegenwart richtet den Blick rückwärts: das Bedürfnis und die Fähigkeit, Vertonungen der gesamten historischen Vergangenheit als gültige Interpretationen der Messe zu erfassen. Während jedoch die anderen Erscheinungen sich mit nur einer bestimmten Haltung der Vergangenheit wahlverwandt fühlen, scheint man hier offen, empfänglich für alle zu sein.

Man wird sich nun mit Recht fragen: welches ist denn unter allen diesen Möglichkeiten das für unsere Gegenwart wahrhaft Gültige? — Ich würde die Antwort wagen: nichts von alledem einzeln genommen. Gültiges Erklingen der Messe ist für den geistigen Menschen von heute nicht diese oder jene Vertonung aus der Gegenwart oder der Vergangenheit, sondern die Gesamtheit der Messenvertonungen, ihre Totalität in Vergangenheit und Gegenwart (s. auch S. 74 f.). Sie alle zusammen bilden die Musik der Messe in der Gegenwart. Der Sinn der Messe als eines Hörbaren, das Verbindliche an ihr, wird uns nicht so wie in früheren Zeiten erschlossen, als nur die jeweils zeitgenössische Vertonung die einzig gültige war, sondern ist für den heutigen Menschen gleichsam in der ideellen, in der anzustrebenden Integration der Gesamtheit der Vertonungen enthalten. Anders gesagt: Nicht nur dieses Kapitel berührte Aktuelles, sondern das ganze Buch. Das mag auch als Rechtfertigung dafür angesehen werden, daß es geschrieben wurde.

15. Musik als Geschichte

Was soll man aus den letzten Bemerkungen des vorigen Kapitels schließen? Ist man etwa nicht mehr so leicht zu sättigen wie in früheren Zeiten, begnügt man sich deswegen nicht mit der Musik der Gegenwart, und will man über eine möglichst reiche und bunte Vielfalt verfügen? Ist das ein Zeichen von Standpunktlosigkeit oder von Nachlassen der schöpferischen Kraft? Ist das Historizismus, Relativismus, Eklektizismus, Klassizismus, Quietismus, oder wie immer man es nennen mag? — Oder darf diese eigenartige Tendenz der Gegenwart, den Inbegriff von Musik erst in der Gesamtheit der historisch erfahrbaren Musik zu erblicken, als eine besondere, neue Art musikalischer Betätigung angesehen werden?

Schon in der Einleitung wurde auf den hier berührten Fragenkomplex und den damit zusammenhängenden Wandel in der Betrachtungsweise (S. 1 f.) hingewiesen. Jetzt, da wir das Werden der geschichtlichen Musik, 'unserer' Musik (s. S. 2) vor Augen haben, kann auch jene Bemerkung ausführlicher dargestellt und besser verstanden werden.

Die europäische Musik bildet von der karolingischen Zeit, ja, in weiterem Sinn von der Antike an bis zum Ende der Wiener Klassik ein sinnvolles Ganze (s. auch S. 25 u. 117). Bis dahin waren in der jeweils neuen Musik die ihr vorausgegangenen Stufen implicite enthalten (s. das Bachsche Beispiel S. 81 ff.). Der Geist des musikalischen Satzes, sein tektonisches Gefüge, war gleichsam sein historisches Gedächtnis. So ist bei den Wiener Klassikern die Summe der historischen Musik wirksam; die Musik als Sinnbild des spezifisch Menschlichen stellt die letzte Folgerung innerhalb des abendländischen musikalischen Werdens dar.

Darauf folgte der tiefste Einschnitt in der Musikgeschichte. So wie das aufkommende Bürgertum war auch die neue Musik durch den

Bruch im Gedächtnis gekennzeichnet (s. auch S. 124 f.). Nicht mehr die Herkunft bestimmte den Satz, sondern die Wirkung (s. auch S. 131 f.). Früher hatte der musikalische Sinnträger ein tektonisch bedingtes Gefüge. Nur von außen her konnte er so aussehen, als ob er natürlich wäre (s. z. B. S. 45 und 100). Diese bloß äußere Wirkung seiner Struktur wurde aber jetzt als das Wesentliche des musikalischen Satzes angesehen. An die Stelle eines verbindlichen körperhaften Sinnträgers trat ein Schatten, der Naturalismus, das einseitige Hervorkehren des Privat-Subjektiven, des Ich-Bezogenen, des Erlebens.

So war solche Musik aus den vorgefundenen Gegebenheiten durch Umdeutung des Verbindlich-Körperhaften ins Ichbezogen-Schattenhafte entstanden. Daneben gab es aber eine andere, im engeren Sinn neue Musik, die nicht unmittelbar von der Hauptlinie der abendländischen Tradition abzuleiten ist, die es sich gleichsam gestatten durfte, unbekümmert naturalistisch zu sein. Durch Mussorgski (Boris Godunow 1871), Bizet (Carmen (1875), auch durch Verdi (z. B. Otello 1887) wurden der Musik frische Kräfte zugeführt. Über Debussy und Strawinsky wirken sie bestimmend bis in unsere Gegenwart.

Strawinsky stellte aber die Verbindung auch mit der älteren, abendländischen Überlieferung wieder her, und zwar auf eigentümliche Weise. Er zeigt die Neigung, Möglichkeiten aus der gesamten Musik der Vergangenheit sich zu eigen zu machen (s. S. 128 ff.). Diese Neigung ist aber nicht mit dem im Werk früherer Zeiten enthaltenen historischen Gedächtnis identisch. Sie ist vielmehr die Folge seines Verlustes. Was früher im Werk implicite enthalten war, soll jetzt als eine Summe von gesonderten, bewußt erfaßten Elementen ihm zugeführt werden. Die Geschichte der Musik soll so dem heutigen Komponieren dienstbar gemacht werden. Was dabei entsteht, ist nicht etwas uneinheitlich Buntes. Es trägt den Stempel der schöpferischen Persönlichkeit. Das Zusammenhaltende ist die Tendenz, die vorgefundene Geschichte der Musik mit den eigenen musikalischen Mitteln — die von jenem Seitensproß (Mussorgski und Debussy) herstammen — zu vereinigen; es ist der Wille, die historisch gegebenen musikalischen Techniken im Sinne der eigenen Haltung zu deuten, sie als etwas heute Gültiges zu interpretieren.

Auch in gewissen Werken Carl Orffs findet man eine eigentümliche Beziehung zum Geschichtlichen. Er verwendet keine Libretti im landläufigen Sinn, keine Textbücher als bloßes Gerüst, keinen zurechtgelegten Inhalt, um selbständige Musik zu komponieren. Er pflegt, bedeutende Werke aus der Geistesgeschichte im unveränderten Wortlaut zugrundezulegen, und verwendet musikalische Mittel lediglich mit der Absicht, uns jene Werke zugänglich zu machen. Seine Tendenz ist, etwa die Carmina Burana oder die Antigone als heute Gültiges darzustellen. Was entsteht, ist weniger als selbständiges Werk denn als Regieanweisung zu verstehen. Der im gegebenen historischen Werk eingefangene unwandelbare Sinn will *interpretiert* werden. Das Werk verlangt dies von uns. — Das erinnert an die Cantus-firmus-Haltung und an die jeweils gültige musikalische Deutung des liturgisch Gegebenen und des Dogmas (s. S. 16 und 24 f.). Und auch die Musik der Messe deutet einen unwandelbaren, aber doch schon als Wort und Handlung vergegenständlichten Sinn; sie interpretiert ihn als jeweilig Gültiges. Man sieht: Interpretation, also ein Werk, das von einem schon Gestalt gewordenen Sinn abhängig ist, und freies Schaffen, autonom unabhängiges Werk, sind nicht streng auseinanderzuhalten. Die moderne interpretierende Komposition deutet freilich die alte Haltung ins Weltliche und bewußt Künstlerische um. Aber beides war durch Bach (Instrumental-Weltliches, s. S. 88 f.) und die Wiener Klassiker (Haltung des Gegenüber, des Vorführens, s. S. 116) angebahnt. Ein Zurückweichen war nicht mehr möglich.

Wenden wir uns der Musikhistorie zu. Auch ihr Ziel ist die Interpretation. Der Weg ist der genetische. So versucht auch dieses Buch, das Werden der Musik zu verstehen, das Gesamte der geschichtlichen Musik als eine Einheit ins Auge zu fassen (s. auch S. 3). Es ist so, als ob das in den Werken bis 1828 (Schuberts Todesjahr) implicite enthaltene Gedächtnis jetzt explicite dargestellt, in einzelne Stufen auseinandergelegt werden sollte, als ob die Musikhistorie eine Neigung zur Kompensation dessen zeigte, was aus der Musik seit 1828 schwand.

Die Musikhistorie kann aber, sofern sie interpretiert, vom Betrachter nicht absehen. Sie will den zu interpretierenden Sinn als etwas *für uns* Gültiges darstellen. Nur bei dieser Bescheidung kann sie ihn zugänglich machen. — Das bildet zwar eine Voraussetzung jeder interpretierenden, jeder historischen Disziplin. Für die Musikhistorie gilt es aber in erhöhtem Maß und in besonderer Weise. Denn die musikalische Interpretation endet erst mit der klanglichen Verwirklichung. Klang hinstellen: das ist das letzte Ziel des Musikhistorikers (s. S. 29). Nicht in der stummen Notenschrift allein ist der Sinn des Werks enthalten, sondern in der Synthese von Notenschrift und Klangvorstellung. Notenschrift und Klangvorstellung sind verschiedene Dinge (s. S. 28). So ist selbst die jeweils zeitgenössische Interpretation (etwa auch die Fiktion einer Bandaufnahme Bachscher Musik aus der Bach-Zeit, ja von Bach selbst gespielt) nicht mit der notenschriftlich fixierten Komposition gleichzusetzen. Auch dann — selbst wenn sie als authentisch betrachtet werden darf — verhält sie sich zur Komposition wie der Einzelfall, das Beispiel, zum Allgemeinen, hat alle Vorzüge und Nachteile des einseitig Festgelegten.

Aber bei der *historischen* Interpretation wird die Eigenständigkeit des Erklingens gegenüber der Notenschrift durch das Auftreten einer weiteren veränderlichen Größe verstärkt: Der mir aus der Vergangenheit gegebenen Notenschrift füge ich den leibhaftigen Ton, etwas, das nur in der Gegenwart wirklich sein kann, hinzu; ich stelle Klang her. Dieser Klang ist mein Eigenes. Das Tonphänomen ist eine Erscheinung in der Zeit, eine Erscheinung des 'inneren Sinns' (nach Kants Terminologie), und hat deswegen etwas eminent Gegenwärtiges. Ein erklingender Ton ist nur meine eigene Gegenwart. Wohl kann er von einer historischen Klangvorstellung angeregt worden sein, ja man muß gewisse, der Vergangenheit entnommene Gegebenheiten, möglichst getreu verwenden. Die Frage der musikalischen Interpretation ist aber nicht allein die nach dem historisch richtigen, sondern gleichzeitig die nach dem jeweils für uns *gültigen* Klang; besser: die nach dem historisch richtigen Klang, sofern er als etwas für uns Gültiges aufgefaßt werden kann. Diese Gültigkeit hängt mit den eigenen sowohl fachmusikalischen (z. B. spieltechnischen) als auch kulturellen und soziologischen Gegebenheiten, rationell- und technisch-physikalischen Voraussetzungen sowie mit der auffassenden Persönlichkeit zusammen. Im interpretierten Werk sind verschiedene Komponenten greifbar: das historisch Gegebene und das Neue, von uns Geschaffene; die historische Notenschrift und der von uns hingestellte

Klang; die Vergangenheit und wir selbst. Zwischen beiden befindet sich vermittelnd eine ideelle, noch nicht objektivierte, sehr blasse Vorstellung der historischen Klanggegebenheiten. Der Rekonstruktionsversuch des vermeintlich historisch richtigen Klanges führt allein nicht zum Ziel (so die sog. Aufführungspraxis oder die als historisch getreu gemeinten Aufführungen alter Musik). Erst die musikhistorische Interpretation integriert das Werk, sofern sie bis zu der materiellen Ausführung auf Grund der jeweils gegebenen Voraussetzungen vorstößt und es als für unsere Gegenwart gültiges Erklingen darstellt. Sie ist eine deutende Verwirklichung von etwas, das uns aufgegeben ist, nicht ein Nachmachen von etwas, das gegeben ist.

So hat auch die musikhistorische Interpretation, wie die interpretierende Komposition, etwas von der Haltung früherer Zeiten (s. S. 135). Etwas Wesentliches trennt sie freilich: nicht nur die Bindung des musikhistorischen Interpreten an die Notenschrift, sondern auch seine ausdrückliche Absicht, der historischen Aufgabe Genüge zu leisten, dem Werk gerecht zu werden, die Absicht, das in der Komposition Gemeinte möglichst getreu zu verwirklichen. Das Ungebunden-Schöpferische dieser Betätigung stellt sich von selbst ein — man möchte sagen, gegen den Willen des Musikhistorikers — als Folge jener oben angeführten Einschränkung: daß die musikhistorische Interpretation (und zwar sowohl die theoretische als auch die praktische) in besonderer Weise nur für unsere Gegenwart gültig sein kann. — Vermerken wir noch einen weiteren Unterschied zwischen der heutigen Einstellung und derjenigen der Vergangenheit: Für den früheren Komponisten war die gegebene Cantus-firmus-Idee wie etwas Zeitloses, das außerhalb der Geschichte steht. So hatte auch sein Werk etwas Statisches. Die heutige Einzel-Interpretation steht aber in Wechselwirkung zu der dynamisch-geschichtlichen Betrachtungsweise, die die Idee in der Interpretation des Geschichtlichen, in der geschichtlichen Einheit sucht.

Ein anderes Merkmal wiederum verbindet das Interpretieren mit der Musikübung vergangener Zeiten: Da es eine ausdrückliche Deutungsaufgabe ist, haftet ihm der Charakter des selbständigen Werkes nicht an. Dies erinnert an die alte Mehrstimmigkeit, die weniger als selbständige Komposition, denn als Vortragsweise des gegebenen liturgischen Gesangs zu verstehen ist (s. S. 18). Sie wollte nur der Gegenwart dienen, sie hatte etwas Improvisatorisches, nichts Denkmalhaftes. Das aber verbindet sie mit der heutigen Zeit. Denn heute empfindet man in Lösungen, die vorhandenen Bedürfnissen schlicht dienen wollen, etwas Verbindliches, während der Anspruch auf das Denkmalhafte, etwa in heutigen Kompositionen, die als selbständiges, bleibendes Werk gelten möchten, verdächtig erscheint.

Gibt es aber eine genetische Erklärung dieser Hinwendung zur Musikhistorie? Ich glaube, ja, und zwar a) von der musikalischen Fachgeschichte, b) von der Philosophiegeschichte, c) allgemein von der Geistesgeschichte her.

a) Die Wiener klassische Musik hat gewisse innere Voraussetzungen geschaffen, die das Aufkommen der musikhistorischen Interpretationshaltung begünstigten. Die Bildung eines Gegenüber und die Entstehung des Dirigententypus waren Merkmale der Wiener klassischen Musik (s. S. 115 f.). Der Dirigent war eine Persönlichkeit, die sich bewußt der Interpretation widmete, allerdings damals vorwiegend der zeitgenössischen Musik. Doch davon abgesehen sind beide: Schaffen eines Gegenüber und Interpretationsaufgabe auch für die Musikhistorie wesentlich. Weiterhin sahen wir ein Merkmal der Wiener klassischen Musik darin, daß man sich die Zeit als selbständigen Faktor bewußt machte (s. S. 119). Erst diese Musik machte das selbständige Moment des Zeitlichen musikalisch greifbar — allerdings hier noch als Gegenwärtiges, als Drama, als Tragik. Aber das Moment des Zeitlichen, nunmehr als Werden, ist für das Erfassen der Musik als Geschichte wesentlich. Das Aufeinanderfolgen der musikalischen Erscheinungen kann erst die Aufmerksamkeit auf sich lenken, wenn ein Bewußtsein von der Zeit als Werden vorhanden ist. Jenes tragische Bewußtsein von der Unvereinbarkeit des Augenblicks mit dem Bleibenden (s. S. 120), der Unvereinbarkeit im Gleichzeitigen, bildet die Voraussetzung für das historische Bewußtsein der Unvereinbarkeit der aufeinanderfolgenden zeitlichen Erscheinungen unter sich, der Unvereinbarkeit im Nacheinander.

Aber die Deutung der geschichtlichen Musik ist auch auf andere Weise mit dem Zeitbewußtsein verknüpft: Die Kernfrage der musikhistorischen Interpretation ist die nach der Tonvorstellung, wie sie im Sinnträger objektiviert ist. Man fragt sich, wie sich die Tonvorstellung wandelt, was für eine Integration jeweils das Ich mit dem Ton eingeht, was innerhalb der Geschichte der Ton für das Ich bedeutet. Aber die Tonvorstellung ist lediglich eine Erscheinungsweise der Zeit. Die spekulative Kernfrage des Musikhistorikers ist die nach der Zeitvorstellung. Nach den Möglichkeiten zeitlicher Verknüpfung und zeitlicher Ausfüllung muß er die Musikgeschichte befragen (man vergleiche auch die Fragestellungen in diesem Buch, besonders z. B. den Wandel von der erfüllten Zeit des Griechischen bis zu der Trennung zwischen reiner Zeitabsteckung und Ausfüllung der Wiener Klassiker, s. S. 117). Das Gefühl für das Wandelbare der Zeitvorstellung ist im Musiker erst durch die Wiener klassische Musik erweckt worden.

b) Mit der Frage nach der Zeitvorstellung haben wir aber philosophischen Boden betreten. Nicht lang möchte ich darauf verweilen. Es sei nur daran erinnert, daß Kant, der in der Tätigkeit des auffassenden Ich den philosophischen Ansatz fand, der die Zeit als Anschauungsform begriff, dadurch der letzte Philosoph geworden ist, der die Wirklichkeit noch als etwas Statisches, Ungeschichtliches erfassen konnte. Denn der Idealismus, der über die sichtbar gewordene Tätigkeit des Geistigen hinaus auch den Geist vergegenständlichen wollte, sah ihn unter seinen Händen als Statisches zerrinnen und sich in Werden verwandeln. Es schien, daß von jetzt ab Sinn nur mehr in Gestalt von Werden greifbar gemacht werden konnte. Hölderlin führte dies als Dichter aus. Er erhob es auch ins Bewußtsein. 'Die Göttersprache, das Wechseln und das Werden verstehen' sind Generationen verpflichtende Worte. Hegel verwirklichte es als Philosoph. Aber so wie auf die Wiener Klassiker keine ebenbürtige Musik folgte, so fand auch Hegel keine ebenbürtige Nachfolge. Der wahre Nachfolger Hegels ist Ranke geworden, der seiner fachgeschichtlichen Herkunft nach als Hegels Antipode erscheinen mußte. Und Bedeutendes über Geschichte hat in jener Zeit nicht ein Philosoph, sondern ein Historiker, Droysen, gedacht (Grundriß der Historik). In Formulierungen wie: 'Was den Tieren, den Pflanzen ihr Gattungsbegriff — denn die Gattung ist, ἵνα τοῦ ἀεὶ καὶ τοῦ θείου μετέχωσιν (daß sie an dem Ewigen und dem Göttlichen teilhaben) —, das ist den Menschen die Geschichte' dürfen wir wieder die Verwandtschaft der historischen geistigen Haltung mit der der Wiener Klassiker (s. S. 115 ff.) erkennen. — Von der Philosophie hatte die Historie die Tendenz übernommen, die Geschichte als Einheit zu betrachten. Darin sah schon Ranke das Charakteristische seiner Betrachtungsweise (Über die Epochen der neueren Geschichte, 2. Vortrag). Erst im Streben nach dem Erfassen der historischen Erscheinungen als Totalität wurde ein sie zusammenhaltender Sinn sichtbar.

Ähnlich sollte man das Anliegen der Musikhistorie begreifen. Nachdem die gleichsam jeweils statische Verwirklichung des Begriffs Musik zu Ende gegangen ist, nachdem durch das Werk der Wiener Klassiker das auffassende Ich als letzte Instanz berufen wurde (s. S. 119), mußte jetzt auch die Wendung in der Betrachtungsweise stattfinden: Musik ist der gleichsam dynamische Zusammenhang der historischen, sich gegenseitig ausschließenden musikalischen Erscheinungsweisen. Der Inbegriff von Musik, die Einheit, liegt im Akt des Verstehens dieses Werdens und Wechselns als der Entfaltung eines für sich nicht gesondert greifbaren Sinns.

Die Selbstverständlichkeit der Tradition, somit der Interpretation, hört damit auf; der Zugang zur schriftlich fixierten Komposition der Vergangenheit wird ermöglicht. Die goldene Zeit des naiven Schaffens ist vorbei. Da der Geist stets die Einheit sucht, kann er sie jetzt nur in der Synthese der geschichtlichen Erscheinungsformen der Musik finden. (Diese Integration ist nur im Ich, nur im *Akt* des Verstehens vorhanden.) Ton als Werden ist die heute aktuelle Gestalt der Tonvorstellung. Musik als Geschichte, die aktuelle Gestalt von Musik.

c) Auch eine allgemeine geistesgeschichtliche Erwägung trägt zur genetischen Erklärung der Interpretationshaltung bei. Es scheint nicht genügend in das allgemeine Bewußtsein eingedrungen zu sein, daß Kants Kritik der ästhetischen Urteilskraft nicht so sehr eine Philosophie des Schönen oder gar der Kunst bietet, wie eine Philosophie des Besonderen, im Gegensatz zum Begrifflich-Allgemeinen. Von hier ausgehend darf man sagen, daß eine statisch-dogmatische Definition von Kunst nicht angebracht ist. Eine Geisteshaltung, die das Besondere als solches erfaßt, gibt es wohl immer. Sie entspricht dem Gegenstand der ästhetischen Urteilskraft Kants. Sie ist aber der Kunst im engeren Sinn übergeordnet; sie enthält mehr Möglichkeiten. Was man im allgemeinen unter Kunst versteht, ist die abendländische Erscheinung. Diese abendländische Kunst setzt etwas außer ihr Liegendes voraus. Ein solches Verhältnis zeigt z. B. die abendländische Musik gegenüber dem Wort, als dem Inbegriff von Sinn, dem sichtbar gemachten Glauben (s. S. 3 und 7 f.). Ähnlich setzt die abendländische Dichtung eine schlichte Prosa als ihren Urgrund voraus (s. S. 5 f.), die Prosa der Religionsstiftung, des Evangeliums.[1] Ohne eine solche Bezogenheit wird die abendländische Kunst sinnlos, sie verliert das Verpflichtend-Gültige. Mit einem paradox anmutenden Satz ausgedrückt: Die ästhetische Autonomie des Sinnträgers, des Kunstwerks, wird erst durch diese seine genetische Abhängigkeit möglich.

Die Griechen kannten aber eine solche Erscheinung nicht. In ihren Werken sind dichterisch anschauliche Kunstwirklichkeit und religiöser Wahrheitsgehalt in einem erfaßt; sie bilden eine unlösbare Einheit (s. auch S. 9). In diesem Sinn sollen wir ihre Musiké (s. S. 6 f.) verstehen. Sie ist nicht nur nicht mit Musik zu übersetzen, sondern auch nicht als Kunst in unserem Sinn zu bezeichnen. Unsere abendländische Kunst setzt das Spannungsfeld, das sich zwischen Wort und Kunst, zwischen Sprache und Musik bildet, voraus. Die antike Musiké kennt aber diese Trennung nicht. In ihr bilden Sprache als unwandelbarer Sinn und Musik als Kunst eine Einheit. Ein solcher Sinnträger ist eine autonome Wesenheit. Er ist aber nicht ein autonom künstlerisch-ästhetischer Gegenstand im abendländischen Sinn. Er verpflichtet das Ganzheitlich-Menschliche schlechthin, das, was die Griechen Ethos nannten; er bestimmt die menschliche Haltung, das Handeln; er ist als wirkende Wesenheit gegenwärtig; er hat eine *stellvertretende* Kraft. Demgegenüber hatte das abendländische Kunstwerk eine den Gegenstand *vertilgende* Kraft, eine Kraft, den Gegenstand als künstlerisch-ästhetische Wirklichkeit neu zu schaffen. — Ich sagte: hatte. Denn es scheint, daß diese im besonderen Sinn schöpferische Geisteshaltung mit dem Ende der großen abendländischen Musik, Philosophie und Dichtung um 1830 ihren Abschluß gefunden hat.

Es wäre jedoch verfehlt anzunehmen, daß der Geist, diese Hydra, sich geschlagen gibt. Es scheint, daß er jetzt von sich aus eine neue Möglichkeit entfaltet, das Besondere als solches zu er-

---

[1] Darüber und über das Folgende ausführlicher in Georgiades, Der griechische Rhythmus, S. 141 f. und allgemein Kap. VI, sowie auch ders., Musik und Rhythmus, S. 45 f. und 59—63 (s. Anm. S. 7).

fassen. Das Wort besitzt zwar nicht mehr eine stellvertretende Kraft, auch nicht mehr eine den Gegenstand vertilgende Kraft, es entfaltet aber dafür eine neue, bis dahin unbekannte *hinweisende* Kraft. Da die Sprache als eine den Gegenstand vertilgende Kraft ohnmächtig geworden ist, hat sie sich mit innerer Weisheit auf die Funktion des Hinweisenden zurückgezogen. Indem sie sich neu mit dem Gegenstand verbindet, kann sie neue Kraft schöpfen und sich gleichsam sammeln. Das Johanneisch-Hinweisende im Wort wird jetzt hervorgekehrt. (Geschichte "ist nicht 'das Licht und die Wahrheit', aber ein Suchen danach, eine Predigt darauf, eine Weihe dazu: dem Johannes gleich: 'er war nicht das Licht, sondern daß er zeugte von dem Licht'." — Droysen, Grundriß der Historik, § 86.) Diese Geisteshaltung, die sowohl der neuen Kunst als auch der geschichtlichen Interpretation übergeordnet ist, scheint durch dieses Deutend-Hinweisende gekennzeichnet zu sein; sie will Geist als Geschichte, als Gedächtnis begreifen und dadurch eine Erweiterung unseres Bewußtseins herbeiführen.

Die Interpretationshaltung hat aber auch eine gleichsam ethische Sendung. Denn der historische Gegenstand will leben, fortwirken. Allein gelassen ist er aber hilflos. Wir müssen ihm die Hand reichen. Er kann nur *in uns* leben; in unserem Geist, durch ihn, als das Gedächtnis unseres Selbst.